Traumbild Baum

Der Baum wird in Träumen meistens als beruhigend und bergend erfahren, als Freund, wie in Alexandras Lied «Mein Freund, der Baum, ist tot». Er wirkt der inneren Entwurzelung entgegen und veranlaßt zu Selbstfindung und Selbstverwirklichung. Am Ende einer solchen Entwicklung kann zum Beispiel jemand sich selber als Baum träumen.

Der Baum tritt im Traum sogar als Retter auf, indem er einen gefährlichen Verfolger vom Pferd wirft oder als schwimmender Baum vor dem Ertrinken bewahrt. Es findet sich aber auch der innerlich ausgefaulte Baum, der gefällt werden muß, damit aus seiner Wurzel ein neuer, gesunder Baum wachsen kann. Ein weiblicher oder ein männlicher Baum können uns begegnen, aber auch ein bandagierter oder ein sterbender. Jeder wird seinen persönlichen Baum entdecken.

Der Autor führt anschaulich in diese wegweisende Traumwelt ein und gibt eine detaillierte Anleitung, Baumträume selber zu deuten.

Träume als Wegweiser

Herausgegeben von
Helmut Hark, Verena Kast, Ingrid Riedel

Helmut Hark

Traumbild
Baum

*Vom Wurzelgrund
der Seele*

Walter-Verlag
Olten und Freiburg im Breisgau

ISBN 3-530-32402-7

Meinen Kindern
Matthias, Thomas, Hanna und Stefan
mit dem Segenswunsch, daß
sie wachsen mögen wie Bäume,
gepflanzt an den Wasserbächen
(Psalm 1)

Inhalt

Bäume als Symbol für persönliche Erfahrungen

Einleitend möchte ich davon berichten, durch welche Erfahrungen ich dazu motiviert wurde, gerade über Bäume und Träume von Bäumen zu schreiben. Zum einen wurden in der psychotherapeutischen Arbeit in zahlreichen Analysen eindrucksvolle Baumträume bearbeitet und besprochen. Da die Patienten durch diese Träume hilfreiche Anstöße zur Selbsterkenntnis empfingen und die Traumkraft in diesen Symbolen wesentlich zur Selbstverwirklichung beitrug, wandte ich meine besondere Aufmerksamkeit den Bäumen zu. Um zu «testen» und zu erforschen, in welcher Weise die Bäume auch einen größeren Kreis von Menschen in der Realität beschäftigen oder in deren Träumen erscheinen, sprach ich das Thema wiederholt in meinen Vorträgen und Traumseminaren an. Das große Interesse an diesem Thema fand seinen Niederschlag in einer systematischen Befragung von weit über 500 Personen. Die meisten gaben an, daß sie eine seelische Beziehung zwischen uns Menschen und den Bäumen erlebten. Bäume vermittelten Kraft und Lebensmut. 72 % der Frauen und 28 % der Männer verinnerlichen die Bäume in ihren Träumen und machen sie damit zu einem Symbol für das Leben.

Allein glücklich sein mit Bäumen

An einem Beispiel möchte ich persönliche Erfahrungen mit Bäumen vermitteln. Bei einem meiner Traum-Seminare lernte ich Frau Isolde B. kennen, eine etwa 60jährige verwitwete Arztfrau, die sich persönlich mit Symbolen und Träumen befaßte. Nachdem ihre erwachsenen Kinder vor Jahren nach Australien und Amerika ausgewandert waren, hatte sie Zeit, sich neu zu orientieren und ihrem Leben einen sinnvollen Inhalt zu geben. Dabei entdeckte sie den Baum, ihren Lebensbaum, als Symbol und Sinnbild für ihr persönliches Leben. Durch die kreative Gestaltung des Baumes auf einem Wandbehang wurde der Baum für Frau B. zu einem «Symbol für die ungeheure Kraft und Dynamik des Lebendigen», wie sie es mit eigenen Worten bezeugt. Durch die Arbeit am Baum und den Umgang mit Bäumen lernte sie, «allein glücklich zu sein». Es wird wohl jedermann spüren können, daß hier ganz persönliche Erfahrungen anklingen, die in dem sichtbaren Baum zum Ausdruck kommen. Genau dieses Wechselspiel von Ausdruck und Eindrücklichem, in dem die Bäu-

Wandbehang von Frau B.

me, denen wir im Leben begegnen und von denen wir träumen, einerseits persönliche Erfahrungen ausdrücken und darin zugleich empfangene Eindrücke verarbeitet werden, macht unser Thema außerordentlich spannend. Frau B. hat mir zu ihrem in über tausend Arbeitsstunden gestalteten Baum folgendes geschrieben: «Ich hatte schon immer eine große Vorliebe für den Baum ohne Blätter, der die zarten Linien seiner Äste und Zweige auf den winterlichen Himmel zeichnet. Noch nie bin ich bei einer Bus- oder Bahnfahrt müde geworden, diese Scherenschnitte der Natur zu bewundern und in Gedanken in irgendeinem Material nachzuzeichnen. Es hat ziemlich lange gedauert, bis ich den ersten Zweig aus Stoff formen konnte, und es hat mir dann geradezu Entzücken bereitet, immer dünnere, immer naturgetreuere Ästchen zu nähen. Auch habe ich eine große Vorliebe für den Baum, der sich nicht gerade und unbehindert dem Himmel zurecken kann, sondern der mit den Unbilden seiner Existenz kämpfen muß, den die Winde beugen und beuteln, den der Blitz getroffen hat oder dem ein Unwetter den Stamm aufgerissen hat und der trotzdem irgendwie weiterwächst. Solch ein bizarrer asymmetrischer Baum ist für mich eine Persönlichkeit mit fast menschlichen Zügen, Symbol für die ungeheure Kraft und Dynamik des Lebendi-

gen. Es mag sein, daß ich diese Symbolik auszu-
drücken versuchte. Mein Leben in der Zeit, als ich
den Baum nähte, war voll des Suchens nach Erkenntnis, nach einem Platz im Leben ohne die
jahrzehntelang gewohnte Familie und erfüllt von
dem Wunsch, glücklich allein und doch im Ver-
bund mit anderen Menschen leben zu können.
Nicht alle Ziele ließen sich verwirklichen, aber
eines habe ich wirklich gut gelernt: Allein glücklich zu sein.»

Wie die Baumsymbolik Menschen anspricht

Frau B. hat mir diesen Wandteppich für mein Be-
handlungszimmer anvertraut mit dem Wunsch,
daß er Ratsuchende und Patienten ansprechen
und aufrichten möge. Welche Phantasien die
Symbolik dieses Baumes auslöste und wie in den
Projektionen das jeweilige seelische und gesund-
heitliche Befinden sich widerspiegelte, davon berichten die folgenden Erfahrungen. So betrachte-
te z. B. ein depressiver junger Mann längere Zeit
den Baum und sagte dann spontan: «Solchen
kräftigen Stamm suche ich, um mich anzulehnen
und wieder aufzurichten!» Diese Bemerkung gab
den Anstoß, wie und wo er Menschen und Bäume
in seinem Leben finden könne, um Hilfe und Halt

zu gewinnen. Eine Frau in der Lebensmitte dagegen richtete ihre besondere Aufmerksamkeit auf den abgebrochenen Ast in der Mitte des Bildes und erzählte dazu von dem plötzlichen Tod ihres geliebten Vaters. Dieser Baum und unser Gespräch gaben ihr die Anregung, für die weitere Trauerarbeit Trost und Aufrichtung vor einem Apfelbaum im Garten daheim zu suchen, den Vater gepflanzt und mit viel Liebe gepflegt hatte.

Für einen 45jährigen Mann wurden eines Tages die rötlichen Farbtöne des Teppichs zu einer Anregung, über seine verdrängten Gefühle zu sprechen. Er spürte, daß seine Emotionen so gehemmt und eingeklemmt waren, wie der rote Farbfleck neben dem abgehauenen Baumstumpf. Durch seine seelisch bedingten Herzbeschwerden befürchtete er, durch einen plötzlichen Herzinfarkt dahingerafft zu werden, wenn es ihm nicht gelänge, seinen Gefühlen so viel Raum zu geben, wie die rötliche Farbe in der oberen Hälfte des Bildes einnahm. So wurde der Teppich für den Mann eine Art Leitbild und «Entwicklungsplan» für seine weitere seelische Entwicklung.

Schließlich sei als letztes Beispiel die Krone des Baumes und das Blau des Himmels erwähnt, die eine sensible 53jährige Frau besonders ansprachen. Während ihr Mann in der langjährigen Ehe mehr für die finanzielle und wirtschaftliche Sicherheit der ganzen Familie sorgte, sorgte die Frau für die «inneren Angelegenheiten» der Familie und vor allem für die Entfaltung der seelischen Bedürfnisse. Während der Mann im Lebenskampf zwar erfolgreich und standfest war wie der Stamm des Baumes, vernachlässigte er die Differenzierung seines Seelenlebens und wußte nicht, daß er auch so fein und wunderbar strukturiert war, wie die Krone dieses Baumes. Die Frau dagegen mußte einsehen, daß sie bei aller Selbstverwirklichung ohne den Baumstamm, ohne mehr persönliches Rückrat und die Besinnung auf ihre Wurzeln mit ihrer Sensibilität für seelisches Erleben in der Luft hängen würde. So regte dieser Baum dazu an, daß sich das Ehepaar nicht einseitig auseinander entwickelte, sondern bei der Neubesinnung und Wandlung in der zweiten Lebenshälfte die Seiten der Persönlichkeit zu entfalten trachtete, die man bisher dem Partner überlassen hatte.

Diese und weitere Anregungen empfangen Menschen auch, wenn sie auf ihre Träume von Bäumen hören und anfangen, sie im Leben stückweise zu verwirklichen und wachsen zu lassen. Ähnlich wie dieser Baumteppich für viele Ratsuchende anregend wirkte, geschieht es auch mit den verschiedenen Bildern und Symbolen von Bäumen in unseren Träumen.

Aus meiner psychotherapeutischen Arbeit könnte ich zahlreiche weitere Beispiele berichten, wie Menschen mit Bäumen für sie wichtige persönliche Erfahrungen gemacht haben. Durch die Träume werden die Bäume verinnerlicht und zu persönlichen Symbolen, mit deren Hilfe wir wachsen und reifen können. Die Bäume in unseren Träumen verhelfen zur Selbsterkenntnis und zur Selbstverwirklichung, die in unseren Tagen von vielen Menschen angestrebt werden. Zu diesem persönlichen Bemühen möchte das Buch beitragen, indem es zahlreiche Anleitungen und Empfehlungen zum persönlichen Umgang mit geträumten und wirklichen Bäumen vermittelt. Bei der Flut von Büchern über Bäume ist nach meinen Beobachtungen «Ebbe» bei dem Thema: Bäume als Symbol für persönliche Erfahrungen. Dieses Buch soll eine Lücke schließen und Brücken bauen helfen zwischen Bäumen und Menschen, indem die Beziehungen zu Bäumen so lebensnah beschrieben werden, daß sie zum Nachempfinden und zum Nacherleben einladen. Insbesondere durch die geträumten Bäume entdecken viele Menschen eine vergessene Lebenskraft in sich selber. In das Verständnis der Traumsymbolik einzuführen und Hilfen zum Umgang mit und zur Deutung von diesen persönlichen Träumen zu vermitteln, ist Anliegen und Ziel dieses Buches.

Selbsterkenntnis und Selbstverwirklichung durch Bäume

Die Bäume in unseren Träumen können uns wichtige Hinweise geben auf das innere seelische Befinden. An der Bildgestalt eines geträumten Baumes können wir die Schwierigkeiten des Träumers ablesen. Ähnlich wie ein gemalter Baum in dem Baumtest nach Koch Auskunft darüber gibt, in welchem Lebensbereich die Schwierigkeiten und die psychoneurotischen Probleme eines Menschen angesiedelt sind, so gibt uns die Seele mit den Träumen wichtige diagnostische Hinweise. Diagnose heißt Erkennen und Benennen einer Krankheit oder eines seelischen Zustandes. Viele unserer Träume stellen dar, wie es seelisch und körperlich um uns bestellt ist. Da Leib und Seele bekanntlich in einer vielschichtigen Wechselbeziehung zueinander stehen, ist es nicht verwunderlich, wenn unser Befinden auch in den Träumen zum Ausdruck kommt.

Mit der Diagnostik aufs engste verbunden ist die Selbsterkenntnis eines Menschen. Insbesondere Träume von Bäumen geben wichtige Hinweise zur Selbsterkenntnis. Der Baum als das wohl ursprünglichste Symbol unserer selbst wird von der Seele in den Träumen dazu verwendet, uns bewußt zu machen, wie es um uns steht. Ähnlich wie ein Röntgenapparat einen Knochenbruch oder ein Geschwür sichtbar machen kann, so hat die Seele in den Träumen das Vermögen, uns ins Bild darüber zu setzen, wo unsere Hemmungen, Verhärtungen und Probleme verborgen sind. Anstelle weiterer theoretischer Erörterungen über die genannten Zusammenhänge möchte ich einige Verstehensmöglichkeiten von Bäumen in Träumen nennen und mehrere Fallbeispiele folgen lassen.

Verstehensmöglichkeiten von Träumen

In den Träumen von Bäumen *spiegeln* sich persönliche Erfahrungen und Eindrücke von Bäumen aus der Lebensgeschichte. In den Bildern aus der Vergangenheit wird zumeist ein Problem in der Gegenwart dargestellt.

In den Bäumen unserer Träume *verleiblichen* sich häufig unsere persönlichen Schwierigkeiten und psychosomatischen Störungen im Körper. Was wir an den Bäumen sehen und erfahren, hat zumeist etwas mit unserem leiblichen und seelischen Erleben zu tun.

Mit Hilfe der Bäume *vermittelt* die Traumkraft

Mut und Hilfe zum Leben. Meistens sind die Bäume ein Symbol für die seelische Entwicklung und das persönliche Wachstum.

In der Symbolik der Bäume wird das bewußte Leben auf noch unbewußte Lebensmöglichkeiten *hingewiesen*. Bäume weisen den Menschen über sich selbst hinaus auf das «Selbst» als eine umfassende Ganzheit, zu der wir ein Leben lang unterwegs sind.

Viele Träume haben eine *kompensatorische Funktion*, indem sie einseitige Orientierungen im bewußten Leben durch die unbewußte Traumkraft ausgleichen. Nach der analytischen Psychologie C. G. Jungs und seiner Schule verhält sich das Unbewußte stets kompensatorisch zum Bewußtsein. Diese ausgleichende Wirkung erreicht der Traum durch seine Bildersprache und seine besondere Überzeugungskraft.

Schließlich sei noch kurz auf die hochaktuelle Bedeutung der Baumträume im Zusammenhang mit dem Waldsterben verwiesen. Nach meiner Erhebung nehmen nahezu alle Befragten an, daß sich das Baumsterben auch auf das seelische Befinden auswirkt. Darüberhinaus wissen wir, wie wir mit unserem Sauerstoffbedarf von den Bäumen abhängen. Es bleibt zu hoffen, daß viele Menschen durch die Symptomatik des Baumsterbens neu auf die symbolische Bedeutung der Bäume als ein grundlegendes Sinnbild für das Leben aufmerksam werden.

Traum von einem bandagierten Baum

Bei einem meiner Traumseminare erzählte eine Frau von etwa 50 Jahren einen eindrucksvollen Traum von einem bandagierten Baum:

In dem Vorgarten meiner Patentante stehen vor dem Hause vier große Tannen. Zu meinem Erstaunen sind sie hinter das Haus verpflanzt worden und auf einer weiten Wiese verteilt. Während ich weitergehe, sehe ich am Rande einen merkwürdig bandagierten Baum. Seine Äste und Zweige sind mit großen Binden an den Stamm gewickelt. Es stimmt mich traurig, daß dieser große Baum in seinem natürlichen Wachstum derart beeinträchtigt ist.

Zu dem ersten Teil des Traumes erzählt die Träumerin, daß sie sich seit Jahren darüber ärgert, wie im Vorgarten ihrer Patentante diese vier Tannen auf engstem Raum beieinander stehen müssen. Als sie vor etwa 30 Jahren gepflanzt worden sind, hatten sie sicher Raum genug. Durch die besondere Pflege der Tante sind die Bäume zu ganz besonders prächtigen hochgewachsenen Exemplaren geworden. Immer wenn die Träumerin ihre Patentante besucht, ärgert sie sich darüber, daß diese Bäume das Haus derart verdecken. Wenn es nach ihr ginge, hätte sie schon lange die Bäume abgesägt und neue gepflanzt. Offensichtlich hat die Seele im Traum diesem Impuls Rechnung getragen und die Bäume hinter das Haus versetzt.

Während die Träumerin ihre Einfälle zu dem Traum erzählt, kommt ihr plötzlich noch ein vergessenes Motiv in den Sinn. Der im Traum bereits umgegrabene Vorgarten soll mit Vanille gedüngt werden. Diese merkwürdige Empfehlung amüsiert die Träumerin zunächst sehr. Sie mag besonders gern Vanille-Eis und liebt den Vanille-Geschmack auch bei anderen Speisen. Im Verlauf des weiteren Gesprächs wird es der Träumerin klar, daß sie für die Muttererde im Vorgarten mehr tun solle als in ihrem bisherigen Leben. In den letzten Jahren hat die Träumerin sich zunehmend mehr um die Arbeit an ihrer eigenen Seele und um ihre Selbstverwirklichung bemüht. Daher ist sie zunächst sehr erschreckt über den so eingebundenen Baum.

Als Gruppenleiter dieses Traumseminars mache ich folgenden Vorschlag zu einer Übung, um uns in das innere Befinden dieses Baumes einzufühlen. Ich bitte die Träumerin, uns in ihrer Körperhaltung zu zeigen, wie dieser Baum eingeschnürt erscheint. Die Träumerin zeigt uns dies in einer straffen soldatischen Haltung. Die Arme sind starr und verkrampft an den Körper gepreßt. Ich empfehle, daß wir alle in der Gruppe diese Haltung nachahmen. Etwas betroffen kommandiert die Träumerin: «Bauch rein, Brust raus!» Die Schultern werden dabei fast automatisch hochgezogen. Zur Verstärkung unserer Einfühlung in den bandagierten Baum empfehle ich, die Arme noch mehr an den Leib zu pressen und eine noch stärker verkrampfte Haltung einzunehmen. Nachdem wir das eine Zeitlang getan haben, bitte ich, daß jeder eine gelöste Haltung einnimmt, die für ihn angenehm ist. Alle atmen auf und sind froh darüber, daß sie sich in der entspannten Haltung wohler fühlen können.

Durch diese Übung ist allen Teilnehmerinnen und Teilnehmern spontan verständlich geworden, was das Traumbild von dem bandagierten Baum sagen will. Ich fasse aus dem längeren Gespräch die mir wesentlich erscheinenden Gesichtspunkte zur Selbsterkenntnis zusammen.

Der Träumerin wurde deutlich, daß sie und ihr innerer Lebensbaum ein Stück weit ähnlich eingewickelt und bandagiert sind, wie es im Traum erscheint. Obwohl im bewußten Leben in den letzten Jahren eine Menge getan wurde, was der Traum mit dem bearbeiteten Vorgarten beschreibt, gibt es in den tieferen Schichten der Seele bewußtwerdende Blockaden. Insbesondere in der Charakterstruktur und in der persönlichen Haltung erkennt sich die Träumerin in diesem Bilde wieder. Sie berichtet unter anderem, daß sie aus einer preußischen Offiziersfamilie stamme, in der Haltung und Korrektheit höchste Werte darstellten. Nur schwer könne sie sich von diesen Prägungen lösen und in ihrer Einstellung etwas ändern.

Beachtenswert erschien uns noch der Zusammenhang zwischen der Körpergestalt und dem Bild von dem bandagierten Baum. Die Träumerin hatte dazu die Idee, daß die abgebundenen Äste zu einem besonders geraden und intensiven Wachstum des Baumstammes beitrügen. Ähnlich ist auch die Träumerin in ihrem schlanken Körperwachstum als ein leptosomer Typ zu bezeichnen. Wenig Wachstum, Energie und Entwicklung ging in ihre Arme und damit in ihre Kontaktfähigkeit zu anderen Menschen. Auch der Baum wurde ja in seinem natürlichen Wachstum mit den sich ausbreitenden Ästen durch das Bandagieren gehemmt. Recht betroffen nahm die Träumerin im Hinblick auf ihre Selbsterkenntnis diesen Traum auf und war zutiefst berührt davon, wie trefflich die Seele in ihren Bildern unseren Charakter und uns zunächst verborgene Persönlichkeitsanteile darstellen kann.

Eine andere Träumerin von 48 Jahren springt in ihrem Traum gelegentlich aus dem Haus heraus und landet dabei auf einem Baum, der im Wasser schwimmt. Das Wasser ist sehr stark aufgewühlt. Hohe Wellen machen der Träumerin angst. Doch der Baum schwimmt im Wasser und gewährt der Träumerin Zuflucht und Schutz.

Diese Träumerin hat das Problem, ihr Elternhaus zu verlassen und die enge Bindung zu den Eltern aufzulösen und zu verändern. Während sie im Traum bereits aus dem Haus herausspringen kann und damit das Haus verläßt, ist dies in der realen Elternbeziehung zunächst noch nicht möglich. Doch deutlich signalisiert der Traum dieses Problem, das Elternhaus zu verlassen. Diese Aufgabe jedoch und die Notwendigkeit, die diesem Lebensalter unbedingt aufgetragen ist, macht zugleich angst und erschüttert und bewegt die Träumerin bis in die Tiefe ihrer Seele. Ein Ausdruck dieser Bewegtheit und dieser Ängste sind die hohen und bedrohlichen Wellen. Der Traum zeigt in seinen einfachen Bildern an, daß man beim Verlassen des Elternhauses nicht in den aufgewühlten Gefühlen untergehen muß, sondern daß es einen Baum der Zuflucht und der Rettung gibt. Wenn die Träumerin sich an diesem Baum festhält, wird das Wasser sie tragen, und sie wird nicht untergehen.

Wir haben hier wohl an den Baum der Erkenntnis zu denken, der uns aus der biblischen Urgeschichte bekannt ist. Häufig bilden die Bäume in unseren Träumen einen wichtigen Ort der Zuflucht ab oder vermitteln uns eine Erkenntnis, wie unser Le-

bensweg weitergehen kann. Die Szene erinnert auch an das Bild aus der Salzburger Armenbibel (15. Jh.), auf dem Jona bei seiner Rettung aus dem Meerungeheuer (Symbol des mütterlichen Urgrundes der Seele) am rettenden Ufer einen Baum ergreift (siehe oben). Dieses Motiv kehrt wieder in diesem Traum der psychisch gefährdeten Frau, die ins Wasser springt und durch einen Baum gerettet wird.

Wie ein Baum den Ball zuspielt

Ich stehe auf dem Balkon eines Hauses. Meine fünfzehnjährige Tochter klettert auf dem schmiedeeisernen Balkongitter herum. Aus einer Gruppe von Leuten wird mir ein großer roter Ball zugeworfen. Ich kann ihn nicht fangen, weil ich nicht nahe genug an das Gitter herantrete bzw. mich gar etwas über das Gitter rüberbeuge, um den Ball zu greifen. Da geschieht etwas sehr Merkwürdiges. Der zurückfallende Ball prallt auf einen Baum hinter den Leuten und wird jetzt ganz zu mir auf den Balkon geschleudert. Mit großer Freude schließe ich den Ball in meine Arme und erwache mit einem Glücksgefühl.

Dieser Traum wurde von einer 52jährigen Frau einige Tage nach einem Traumseminar geträumt.

Die Beschäftigung mit Träumen hat in der Frau viele Anregungen zur Belebung ihres seelischen Erlebens bewirkt. Durch die Gespräche mit den Kursteilnehmerinnen und Teilnehmern waren ihr viele positive Gefühle entgegengebracht worden. Dennoch hatte sie große Schwierigkeiten, das entgegengebrachte Vertrauen und die menschliche Nähe anzunehmen. Während die Träumerin zunächst nicht verstehen konnte, warum sie den großen roten Ball nicht fassen konnte, wurde ihr durch das Gruppengespräch deutlich, daß dies mit den abgewehrten Gefühlen der Gruppe zu tun habe. Wie im Traum so hat die Träumerin auch in ihrem realen Leben Schwierigkeiten, dicht bis an bestimmte Grenzen der Beziehung heranzutreten, um anderen Menschen nahezusein.

Aus Angst und Scheu, anderen Menschen zu nahe zu treten, bleibt sie in der Regel lieber ein Stück weit von der gesetzten Grenze zurück. Ihre leibliche Tochter, die mit der im Traum identisch ist, ist dagegen viel wagemutiger und traut sich weiter vor.

Besonderes Erstaunen löste der zweite Teil des Traumes aus. Erst nachdem der Ball durch den Baum den richtigen Schwung bekommen hatte, konnte sie ihn fassen. Der Baum gibt dem Ball den richtigen Anstoß, so daß er gefangen werden kann. Während die Gefühle und die Zuwendung von Menschen nicht direkt angenommen werden können, ist dies durch Vermittlung des Baumes möglich. Die Träumerin beschrieb diesen Baum als einen laubfreien Baum in der Winterzeit. Ihr gefallen in dieser Jahreszeit Bäume deswegen besser, weil man dann klarer und eindeutiger die Äste und Zweige bis in die kleinsten Verästelungen sehen kann. Wenn der Baum dagegen mit Blättern übersät ist, sei eine derartige Wirkung auf das Gefühlsleben der Träumerin nicht möglich. Das Bild des laubfreien Baumes in der Winterszeit und die Situation im Traum, daß der rote Ball der Gruppe nicht direkt aufgenommen werden kann, zeigen eine bestimmte Haltung und Einstellung der Träumerin. So wie sie die kahlen Bäume zur Winterszeit mehr liebt als die belaubten im Sommer, so ist ihr eine gewisse Kühle und Distanz in der Beziehung zu Menschen wichtig gewesen. Erst wenn sie die Absicht und Wünsche von anderen Menschen im Gespräch begreift und erkennt, wie es gemeint ist, erst dann kann sie die Zuwendung anderer Menschen akzeptieren. Der Traum schildert diese Beziehungsschwierigkeit trefflich in dem Bild, daß der rote Gefühlsball erst mit Hilfe des Baumes akzeptiert werden kann.

In dem Gruppengespräch über diesen Traum kamen wir auf die Symbolik des Lebensbaumes und des Baumes der Erkenntnis. Der Baum im Traum spielt der Träumerin ein bisher nicht faßbares Stück Leben zu. Daran sahen wir die Funktion und die Bedeutung des Lebensbaumes. Das Sinnbild des Baumes der Erkenntnis spiegelt sich in diesem Traum insofern wider, als bei der Träumerin die Gefühle erst dann angenommen werden können, wenn sie durch die Erkenntnis und das Denken akzeptiert worden sind.

Zu dem Bild des Balles kamen der Träumerin Erinnerungen aus der Kindheit. Sie hatte in dieser Zeit viele Schwierigkeiten und mochte mit den anderen Kindern niemals Ball spielen. Dadurch fühlte sie sich häufig ausgeschlossen aus der Gemeinschaft und den Spielen der anderen Kinder. Obgleich sie später einen gehobenen Platz in ihrem Leben, im Beruf und in der Gesellschaft einnehmen konnte, wie dies auch in der Position auf dem Balkon im Traum deutlich wird, fühlte sie sich letztlich häufig isoliert von der Gemeinschaft der anderen. Eine gewisse geistige Überlegenheit und ein Erhabensein, wie im Bilde des Balkons, bestimmten viele Jahre ihres Lebens. Erst mit Hilfe dieses Traumes begriff die Träumerin, wie mühsam und schwierig es oft für ihre Angehörigen, Freunde und Bekannten ist, ihr den Ball zuzuwerfen. Doch durch anhaltende und intensive Seelenarbeit gelang es ihr zunehmend mehr, das Leben mit seinen runden Seiten anzunehmen und zu akzeptieren. Der große rote Ball wurde als die Fülle des Lebens verstanden, die sie jetzt beglückt in ihre Arme schließen kann. Von der Symbolsprache her wäre der Ball auch ein Selbst-Symbol. Dieses Selbst, die tiefste Quelle unserer Selbsterfahrung, kommt nicht einfach aus der Begegnung und Beziehung mit andern Menschen, sondern bedarf oft eines Symbols außerhalb der Menschen, um uns zugespielt zu werden. In diesem Sinne spielen uns häufig Bäume in unseren Träumen ein Stück neues Leben zu.

Neue Identität durch einen Baumtraum

Zwischen Mensch und Baum gibt es manchmal eine innige Beziehung. Besonders bei Menschen, die offen sein können, wird eine intensive Einstellung und Beziehung zu Bäumen möglich. Wenn positive Erfahrungen im Verlaufe des Lebens mit Bäumen gemacht wurden und diese verinnerlicht werden konnten und damit in der Erinnerung lebendig bleiben und weiterleben, kann in den Zeiten der Not dieses Erinnerungsbild im Traum wieder lebendig werden. Wenn dann bei persönlicher Empfindsamkeit und Feinfühligkeit in den Krisenzeiten des Lebens die Notwendigkeit der persönlichen Wandlung ansteht, kann man durch Baumträume den Weg zu den verborgenen Wurzeln in sich selber finden.

Das folgende Beispiel möchte zeigen, wie gerade in Zeiten persönlicher Verunsicherung und Erschütterung durch einen besonders beeindruckenden Traum die persönliche Identität gestärkt werden kann. Gerade in solchen Krisenzeiten sollte man nach dem Trost der Bäume Ausschau halten. Die Frage des Schriftstellers Günter Eich «Wer möchte leben ohne den Trost der Bäume?» kleidet

eindrucksvoll in Worte, was unsere Träumerin er-
fuhr. Frau Hann (Pseudonym) war zum Zeitpunkt
des Traumes 46 Jahre alt. Sie war einige Tage vor
dem Traum aus dem Krankenhaus entlassen worden. Sie hatte sich einer Unterleibsoperation un-
terziehen müssen, nach der es anschließend noch
einige schmerzhafte und langwierige Komplika-
tionen gab. Sie fühlte sich, wie so oft in den letzten
Jahren, körperlich sehr schwach und hoffte, nach
der Operation ohne «Pille» und ohne Angst vor
einer neuen Schwangerschaft leben zu können.

Stärkung und Ermutigung
durch den Traum

Zur familiären und beruflichen Situation seien
folgende Angaben gemacht. Frau Hann fühlt sich
in ihrer Familie und im Beruf (Sozialarbeiterin)
ständig überfordert. Ihrem Wunsch, einmal allein
zu sein und etwas für sich tun zu können, kann sie
nicht nachgehen. Auch von ihrem Mann, der als
Ingenieur beruflich sehr stark eingespannt und in
seinem Charakter recht hart geworden ist, erfährt
sie wenig Verständnis. Von den drei Kindern im
Alter von 18, 16 und 12 Jahren macht zur Zeit besonders der älteste Sohn viel Kummer, da er sich
abkapselt und nicht mit sich reden läßt sowie in

der Schule Leistungen verweigert. Die Familiensituation ist eigentlich so, daß jeder für sich lebt, wenig Austausch stattfindet und keine offenen Konflikte, aber auch keine gegenseitige Hilfe möglich sind. Diese nur kurz geschilderte Situation läßt verständlich werden, daß Frau Hann nicht von ihrem Mann oder von einem Menschen Hilfe erwartet, sondern von einem Baum im Traum. Dieser für sie wichtige und eindrucksvolle Baumtraum lautet:

Ich sehe einen Baum. Er ist sehr schön gewachsen, steht frei, ist groß und kräftig und hat eine intensive grüne Farbe. Während ich den Baum betrachte, sehe ich, daß sich seine Zweige stark bewegen.

Nun bin ich in dem Baum. Ich spüre seine starke Bewegung und bewege mich mit ihm. Dann löse ich meine Arme und meine Beine und dann meinen Körper von den Ästen des Baumes ab, gleite von dem Baum herunter und gehe fort. Dabei habe ich das Gefühl, daß ich ein Teil des Baumes sei, aber auch ganz und gar ich selbst. Ich fühle mich wunderbar gestärkt.

Die Träumerin berichtet, daß sie einige Tage vor dem Traum aus dem Krankenhaus entlassen worden war. «Ich fühlte mich, wie oft in den letzten Jahren, körperlich sehr schwach. Ich hoffe aber, mich ohne 'Pille' und Angst vor einer neuen Schwangerschaft bald erholen zu können.» Zu dem Baum kommen Frau Hann Erinnerungen an den ersten Urlaub von ihrem selbstverdienten Geld im Jahre 1955. Sie erzählt:

«Ich habe bei einer Wanderung durch den Harz einen solchen schönen, einzelstehenden Baum, eine kräftig gewachsene Buche gesehen. Diesen Baum lange zu betrachten, war damals für mich ein intensives Glückserlebnis, wie überhaupt dieser ganze Urlaub von mir sehr positiv erlebt wurde. Ich war damals allein und brauchte mich auf niemanden einzustellen. Die Gefahr, eigene Wünsche zurückzustellen und mich anderen anzupassen, ist bei mir groß.

Dieser Urlaub und insbesondere dieses Baumerlebnis haben für mich eine herausragende Bedeutung: Durch meine Selbständigkeit und Unabhängigkeit im Beruf konnte ich alte Bindungen (zum Beispiel an mein Elternhaus) abschütteln. Bald nach diesem Urlaub bin ich eine neue Bindung in meiner Ehe eingegangen, die mich in eine neue Abhängigkeit brachte. Ich war aber nicht in der Lage, mir genügend innere Freiheit und Unabhängigkeit zu erarbeiten.»

Einen Traum selber deuten

Es sei an dieser Stelle erläuternd eingefügt, daß
Frau Hann bei der persönlichen schriftlichen Bearbeitung ihres Traumes nach meinen 16 Fragen
zum Selberdeuten eines Traumes aus meinem
Buch «Träume als Ratgeber» vorgegangen ist. Sie
hat mit persönlichem Gewinn ihren Traum für
sich bearbeitet und mir danach die schriftlichen
Aufzeichnungen zur Verfügung gestellt.
Als weitere Ergänzungen und Ausweitungen zu
dem Traum (Amplifikationen) machte die Träumerin folgende Aufzeichnungen: «Als Kind be-
trachtete ich oft ein Märchenbuch, das Zeichnun-
gen von Gustav Doré enthielt. Hier beeindruckten
mich besonders die Wälder mit ihrem geheimnisvollen Dunkel, die weitverzweigten Wurzeln und
das ausladende Blattwerk der Bäume. Die Bäume
kamen mir damals oft wie verzauberte lebende
Gestalten vor. Eine Zeitlang fühlte ich mich sehr
zur Literatur der Romantik hingezogen und
konnte mich mit den schwärmerischen Naturbe-
trachtungen identifizieren. Heute liegt mir mehr
die beobachtende oder auch die mystische Natur-
beschreibung eines Camus oder von Peter Hand-
ke. Von meinem Umgang mit Bäumen und von
meinem Traum spiegelt sich auch manches in dem
für mich wichtigen Gedicht von Ezra Pound:»

Der Baum trat in meine Hände ein,
Der Saft stieg in meinen Armen auf,
Der Baum wuchs in meiner Brust –
Abwärts,
Und Äste schlugen aus mir wie Arme.
Baum bist du
Moos bist du
Veilchen bist du mit dem Wind darüber.
Ein Kind – so groß bist du,
Und all das ist Torheit für die Welt.

Die Träumerin berichtet ferner, daß sie der Stammbaum ihrer väterlichen Familie sehr beeindruckt habe. Oft stände sie vor dem schön gezeichneten, weitverzweigten Geäst des Stammbaumes und lese die einzelnen Namen und Daten der Angehörigen. Doch Frau Hann geht seit ihrem Traum nicht nur auf symbolische Weise mit den Bäumen um, sondern berichtet, wie sie auch real zu Bäumen ihrer Umgebung hingeht und Umgang mit ihnen pflegt:
«Wir wohnen jetzt in der Nähe eines Waldes. Dort steht 'meine' Fichte. Manchmal gehe ich zu ihr hin, lehne eine Weile an ihrem Stamm oder lege meine beiden Hände an den Stamm. Oder ich setze mich eine Zeitlang unter die Fichte, gegen den Stamm gelehnt. Die Fichte ist nicht ganz gesund (wie ich auch – ich leide an Herzleistungsschwä-

che und angina pectoris). An einer Seite des Stammes, kurz oberhalb der Wurzel ist eine tiefe Aushöhlung, eine morsche Stelle. Aber die Zweige und Nadeln sind noch ganz kräftig. Während ich mich an den Baum anlehne, stelle ich mir vor, daß ich mich mit dem Baum identifiziere, daß ich ein Baum werde. Mit seinen – meinen – Wurzeln verankere ich mich fest in der Erde. Ich fühle mich gut und sicher und bin verbunden mit den nährenden Kräften der Erde, mit dem Urgrund, der mich trägt und stärkt. Von dieser guten Basis aus kann ich meinen Stamm, mein Ich, frei aufrichten. Ich kann von hier aus all die Möglichkeiten und Fähigkeiten, die in mir angelegt sind, frei entfalten. So kann aus mir ein schöner, kräftiger, gesunder Baum werden. In meinen starken Ästen und dem reichen Blätterwerk biete ich Ruhe, Schutz, Zuflucht und Freude für viele und vieles. Dieses positive Bild halte ich in mir fest. Dann löse ich mich von dem Baum, kann meinen Weg gehen und suchen, und kann den Impuls, die stärkende Kraft, die ich vom Baum empfangen habe, in mir bewahren und mitnehmen.»

Nach dem bisherigen Erfahrungsbericht wird uns deutlicher geworden sein, daß Frau Hann sozusagen mit Leib und Seele in Beziehung zu ihrem Baum stehen kann. Sie ist in ihrer ganzen Person bewegt und erschüttert von diesem eindrucksvollen Traum. Dieses ganzheitliche Erleben kann mit Hilfe der analytischen Psychologie C. G. Jungs durch die vier Orientierungsfunktionen noch weiter differenziert und erläutert werden. Jeder von uns gestaltet sein Leben mit Hilfe seines Denkens und seines Fühlens, seiner Empfindungen und seines Ahnungsvermögens. Bei jedem Menschen sind diese vier Persönlichkeitsanteile zumeist vermischt, aber dennoch unlöslich miteinander verbunden. Auch in unseren Träumen bilden sich unsere Charaktereigenschaften und die verschiedenen Persönlichkeitsanteile ab. Jeder Traum und jedes Symbol eines Menschen ist auf seinem persönlichen «Mist» gewachsen. Daher definiert C. G. Jung in seinem Typenbuch, daß sich ein Symbol «aus den Daten aller psychischen Funktionen» zusammensetze. «Das Ahnungsreiche und Bedeutungsschwangere des Symbols spricht ebensowohl das Denken wie das Fühlen an, und seine eigenartige Bildhaftigkeit, wenn zu sinnlicher Form gestaltet, erregt die Empfindung sowohl wie die Intuition» (Ges. Werke 6, S. 520). Anhand der genannten 16 Fragen aus meinem Buch «Träume als Ratgeber» beschreibt Frau Hann die verschiedenen Aspekte ihrer typologischen Wahrnehmung zu diesem Traum wie folgt: «*Empfindungen* – Im Traum empfinde und erlebe ich sehr stark die gute Standhaftigkeit des Baumes, aber auch seine starke Beweglichkeit im Geäst. Ich nehme diese Sensibilität des Baumes richtig körperlich wahr und übersetze sie dann in die Bewegung des Herabgleitens und des Fortgehens.

Gedanken – Es ist mir in Gedanken klar und verständlich, daß ich in meiner Situation, in der ich mich krank, überfordert und religiös entwurzelt fühle, mich an dem Bild des Baumes orientiere, eines Baumes, der gesund, kräftig und schön ist.

Gefühle – Ich habe das Gefühl, daß etwas Außergewöhnliches im Traum und in meiner Seele geschieht. Ich bin in einer gehobenen, festlichen Stimmung, fast in einer mystischen Verfassung.

Intuition – Der Traum vermittelt mir die Ahnung, daß ich aus meiner derzeitigen unbefriedigenden und verworrenen Situation herausfinden könne, wenn ich mich an einem guten, heilen Bild orientiere. Besser noch, wenn ich dieses Bild in mir entdecke und entwickle.»

Zur Frage, wie dieser Traum die Selbstverwirklichung von Frau Hann fördern kann, hat sie folgende Gedanken und Einsichten formuliert: «Der Traum zeigt mir durch das Bild des Baumes, der Wurzeln hat, fest steht, mit den Quellen des Lebens in Verbindung ist, daß ich selber wohl wurzellos, das heißt oft ohne eigenen Standpunkt und echte religiöse Verankerung bin. Daran also gilt es zu arbeiten, wenn ich mein Selbst entdecken und ausformen will. Wenn ich Zugang zu den Quellen gefunden habe, ist die ruhige, gelassene Entwicklung meiner Fähigkeiten fast von selbst gegeben. Vor allem ist die Gefahr der Verausgabung gebannt. Wenn ich verwurzelt bin, kann ich nicht mehr überall hinrennen und jedes Problem von anderen Leuten lösen wollen. Es genügt mir, die auf mich zukommenden Aufgaben anzupacken. Vor allem brauche ich nicht alles aus eigener Kraft zu schaffen, da ich ja verbunden bin mit der Quelle, aus der mir frisches Wasser zuströmt.»

Der Baum als persönliches Symbol des Lebens

Als letztes lasse ich einige Aufzeichnungen über das Verständnis des Baumes als Symbol folgen: «Der Baum ist für mich ein Symbol des Lebens. Aber er ist auch Symbol für Wandlung. Die alljährliche Veränderung eines Baumes: das Erscheinen des ersten jungen Grüns, die Entwicklung der Blüte, das Reifen der Frucht, das leuchtende Bunt des Herbstlaubes und schließlich das Herabfallen der Blätter und das nun nackte Profil des Baumes – all das fasziniert mich immer wieder und erinnert mich an eigene Wandlungen, Veränderungen, Reifungen und an Loslassen, was immer neu geübt werden muß.

Das Kreuz erscheint mir als ein Symbol des Lebensbaumes. Im Kreuz ist Heil und Erlösung. In der Gestalt des Kreuzes, seiner Horizontalen und seiner Vertikalen, begegnen und durchdringen sich göttliches und menschliches Leben.

Als Botschaft und Möglichkeit zur Lebensgestaltung sagt mir der Traum, daß ich das Recht, vielleicht sogar die Pflicht habe, etwas für mich zu tun, mich voll zu entwickeln, mich zu freuen, Schönes zu erleben. Die Möglichkeit, dies zu verwirklichen, liegt darin, daß ich mir ein zeitweiliges Zurückziehen, ein Alleinsein, gönne.

Hier liegt für mich auch eine gewisse Gefahr. Es ist bezeichnend für diesen Traum und für viele Träume, die ich habe, daß keine anderen Menschen darin vorkommen – nur ich allein. Dies zeigt mir, daß ich von anderen Menschen keine Hilfe erwarte. Es zeigt mir auch, daß ich Konflikten mit anderen Menschen und Konfliktlösungen aus dem Weg gehe. Zwar bin ich beruflich ständig damit befaßt, im privaten Bereich neige ich aber eher dazu, auszuweichen.

Der Traum zeigt mir ferner, daß ich mich mehr zur Naturmystik (Buche) als zur christlichen Mystik (Kreuz) hingezogen fühle. Meine Religiosität ist sicher vorhanden und auch entwickelt, aber nach diesem Traum nicht sehr christlich geprägt. Da jedoch die tiefen Wurzeln aller Religiosität zu dem einen, gleichen Urgrund führen, aus dem alles kommt und zu dem alles zurückfindet, bin ich ganz ruhig.»

Abschließend möchte ich noch die Frage bedenken, warum gerade in einer so schmerzlichen Lebenssituation nach der Unterleibsoperation dieser positive Baumtraum inszeniert wird? Nach der Bildersprache der Seele und nach der allgemeinen Symbolik ist der Baum ein weibliches und mütterliches Urbild. Durch den operativen Eingriff in den intimen Bereich wurde die Träumerin ihrer Mütterlichkeit «beraubt». Um die schmerzliche äußere und innere Situation besser aushalten und bewältigen zu können, schafft die Seele das Bild von der innigen Beziehung zu dem Baum. Da der Baum, wie gesagt, ein mütterliches Symbol ist, können wir tiefenpsychologisch auch von der Rückkehr zur Mutter sprechen. Dieser tiefgreifende Rückgriff auf eine frühe Erlebnisform kann auch als Beziehung zum primären Selbst oder als Suche nach einer primären Identität beschrieben werden. In der intensiven Begegnung mit dem Baum als einem grundlegenden mütterlichen Symbol widerfährt der Träumerin diese Erfahrung. Jedoch in der Weise, daß sie nicht bei der Mutter (= Baum) hängen bleibt, sondern am Ende geläutert und gewandelt auf den eigenen Füßen steht. Die beiden Seiten des Lebens werden im

Traum erfahren als das Gefühl, «daß ich ein Teil des Baumes sei, aber auch ganz und gar ich selbst».

Tiefenpsychologisch können wir sagen, daß das Ich und das überpersönliche Selbst miteinander in Beziehung gekommen sind und zusammenwirken.

Diese zeitweilige Identität von Mensch und Baum sowie die erlebnisstarke Intimität zwischen Ich und Selbst soll noch abgegrenzt werden gegen die Verschmelzung dieser beiden Erfahrungsbereiche in der Psychose. Ein psychotisch gestörter Mensch, der «den Verstand verloren hat» und dessen Seele «verrückt» spielt, würde vermutlich in starker seelischer Erregung dem Psychiater erklären: «Ich *bin* ein Baum!» Recht phantasievoll und in den verschiedensten Bildern schwelgend würde er ausmalen können, wie er gleichzeitig sich als Wurzel des Baumes erlebt oder als Stamm oder in vielgestaltiger Verästelung als Krone des Baumes. Vielleicht würde er auch sein Nervensystem mit den unzähligen Blättern des Baumes ausmalen. Diese phantastische Ausmalung könnte weitschweifend fortgeführt werden. Doch es geht mir um die Abgrenzung und die Unterscheidung zwischen der normalen und der psychotischen Erlebnisweise. Während der Psychotiker die unheimlich erregte Bewegtheit seiner Seele in die Worte kleiden würde: «Ich bin ein Baum!», kann der Mensch mit einem «normal» funktionierenden Ich z. B. sagen: «Ich fühle mich *wie* ein Baum!»

Während für den einen der Baum zu einem Symbol werden kann und es dabei zu einer bewegenden Begegnung mit dem Baum kommt, wie unser Beispiel zeigt, verliert der andere den Verstand und das Bewußtsein und verschmilzt mit dem Baum. Die Unterscheidung und Differenzierung derartiger Verschmelzungserlebnisse könnte man auch durch den sexuellen Orgasmus verdeutlichen (wobei klar ist, daß die meisten Beispiele «hinken» und nur einen bestimmten Aspekt verstehen helfen). Während er für den normalen Menschen ein zeitweiliges Glückserlebnis ist und er danach wieder allein und für sich leben kann, bleibt der Psychotiker in seinem Wahn z. B. unlöslich mit dem Baum verbunden und kann sich nicht «wie» ein Baum fühlen, sondern lebt «als» Baum.

Wenn wir uns auf die Wurzeln unseres Lebens besinnen wollen, genügt es nicht, daß wir gelegentlich an Bäume denken oder sie bewußt anschauen, sondern wir sollten körperlich mit ihnen in Berührung kommen und uns zeitweise mit ihnen identifizieren, wie es Frau Hann im Traum erlebte.

Archetypische Motive
in Baum-Träumen

In manchen Baumträumen erscheint eine symbolische Dimension, indem in der persönlichen Bilderwelt ein überpersönliches Bild erscheint, das C. G. Jung als archetypisch bezeichnet. Der Archetypus an sich ist ein unanschaulicher Faktor, wie beispielsweise Gott. Wir erkennen ihn als anordnenden Faktor von einer ganz besonderen Wirkkraft, indem er psychische Erfahrungen und bildliche Motive in bestimmten Symbolen darstellt. Die Archetypen sind Bereitschaftssysteme in der Seele, die zugleich als Bild und als Emotion erscheinen, ähnlich wie das Licht zugleich Teilchen und Welle ist. Die Archetypen, auch Urbilder genannt, können sich nach Jung keineswegs bloß durch Tradition, durch die Sprache und durch Migration allgemein verbreiten, sondern jederzeit und überall spontan wieder entstehen, und zwar in einer Art und Weise, welche durch keine Übermittlung von außen beeinflußt ist. Diese Feststellung bedeutet nichts Geringeres, als daß zwar unbewußte, aber nichtsdestoweniger aktive, das heißt lebendige Bereitschaften, Formen, in jeder Psyche vorhanden sind und deren Denken,

Fühlen und Handeln instinktmäßig präformieren und beeinflussen.

Die folgenden Beispiele möchten veranschaulichen, wie archetypische Urbilder im Menschen erscheinen und was sie bewirken. Zumeist sind es besondere Lebenssituationen, die Menschen in eine einschneidende Entscheidungssituation stellen und deswegen durch die Traumkraft ein archetypisches Muster auf den Plan rufen. Einige Erkennungszeichen für archetypische Bilder werden am Ende dieses Kapitels mitgeteilt.

Der Baum mit den sieben Nebenbäumen

Ein Ordensmann träumte von einem kleinen grünenden Baum, dem die Krone herausgebrochen wurde. Dann wechselt das Traumbild, und er sieht eine alte knorrige Eiche mit einem Schild darauf genagelt. Die Beschriftung ist zunächst undeutlich zu erkennen. Die starken Äste des Baumes neigen sich weit zur Erde herunter. Bei näherem Hinsehen gehen die herabhängenden Äste in sieben Baumstämme über, die fest in der Erde verwurzelt sind.

Der Träumer berichtet, daß er zum Zeitpunkt des Traumes in einem inneren Konflikt und einer inneren Auseinandersetzung mit seinem Orden stand. Wie dem Bäumchen die Krone herausgebrochen wurde, so hatte er das Lebensgefühl, daß etwas von seiner Persönlichkeit und seinem Willen gebrochen wurde. Von ihm wurde der Gehorsam erwartet und verlangt, sich einer bestimmten Entscheidung seines Ordens zu fügen. In dem starken Stamm der Eiche sah dieser 55jährige Geistliche seine Persönlichkeit abgebildet. Beim Nachsinnen über das Wort, das auf dem Schild nicht zu erkennen war, fiel dem Träumer der Begriff «Wesen» ein. Er verstand den Baum als Ausdruck seines Charakters, seines Wesens und seiner Persönlichkeit. Bei der Besinnung über diesen Baum in der Gruppe fielen mehreren Anwesenden zu der Eiche die Begriffe von Lebenskraft und einem starken Körpergefühl ein. Auch der Lebensmut und eine gewisse Beständigkeit wurden zu der Eiche assoziiert. Menschen mit dem Wesen einer Eiche verfügen über eine praktische Intelligenz und einen guten Tatsachensinn, wie dies auch vom Träumer bestätigt wurde.

Andererseits wurde in der Gruppe an diesem Traumbild und den Einfällen des Träumers kritisiert, daß sowohl das Bild als auch der Träumer etwas starr auf die anderen Gruppenmitglieder wirkte. Der genannte Konflikt mit dem Orden und das Zurückgepfiffenwerden zu den harten Regeln des Ordens wurden in Beziehung gebracht mit den herunterhängenden Ästen, die wiederum in neuen Baumstämmen verwurzelt wurden. Während des Erzählens dieses Traummotives hatte der Träumer zu zählen begonnen und gesagt, daß ihm sieben herunterhängende Äste vor Augen ständen, die sich in diesen neuen Stämmen verwurzelten. Im Zusammenhang mit den Ordensregeln und den geistlichen Tugenden wurden diese neuen Stämme in Beziehung gesetzt zu den Sakramenten in der katholischen Frömmigkeit. Diese sind: Taufe, Eucharistie, Buße, Firmung, Krankensalbung, Ehe und Priesterweihe. Auch in den Werken der Barmherzigkeit und den Tugenden (wie. z.B. Glaube, Liebe, Hoffnung, Gerechtigkeit, Mäßigkeit u.a.) kehrt die Zahl sieben wieder, ebenso in den Lastern und Todsünden als Schattenbildern der guten Tugenden (z.B. Geiz, Begierde, Unzucht u.a.). Die Sieben ist in vielen Mythen und religiösen Vorstellungen eine heilige Zahl, weil sie als Summe von drei (Symbolzahl für Göttliches) und vier (Weltliches) gilt. In einer Vielzahl von symbolischen Bezügen ist besonders im religiösen Bereich die Sieben wiederzufinden. In Mesopotamien und in babylonisch-assyrischer Zeit finden wir auf Siegelzylindern häufig das Motiv des Lebensbaumes mit sieben Ästen (siehe Abb.). Durch die Mondphasen (4×7 Phasen) war diese Zahl besonders geheiligt für den Rhythmus des Lebens.

In den Baum-Träumen symbolisiert diese Zahl die Verwurzelung im vegetativen Lebenskreis und in der kosmischen Weltordnung.

Einem anderen Gruppenmitglied kam zu der mächtigen Eiche der Einfall von der Donar-Eiche, die bei der Christianisierung abgesägt wurde. Es wurde gefragt, ob der Träumer mit seiner Eiche nicht tief auch im germanischen Wesen und damit im heidnischen Wurzelgrund der Seele zuhause sei. Es wurden Überlegungen darüber angestellt, wie diese Verwurzelung in der Herkunft und damit auch im sogenannten Heidnischen der menschlichen Seele sich mit der anderen Seite der Persönlichkeit, mit den christlichen Tugenden und der christlichen Glaubenshaltung, verbinden und in Einklang bringen läßt. Es wurde kritisiert und gefragt, ob diese Seite unserer Persönlichkeit tatsächlich abgesägt werden müsse oder die Krone herausgebrochen werden müsse, wie es im Traum heißt, oder ob nicht auch andere Wachstums- und

49

Entfaltungsmöglichkeiten im Glauben möglich sind, die auch das natürliche Leben und das seelische Erleben berücksichtigen. Schließlich wurde noch darüber nachgesonnen, ob die siebenfache Verästelung und das Wachsen neuer Stämme in der Erde geschehen wäre, wenn die Krone nicht herausgebrochen worden wäre. So gesehen wurde der Traum zu einem eindrucksvollen Sinnbild für das gesamte geistliche Leben des Träumers. Die Baumsymbolik dieses Traumes drückt wiederum auf eindrucksvolle Weise aus, wie die Seele die vielfältigen Erfahrungen zu Bildern verdichtet und damit innere Erfahrungen gestaltet und den betreffenden Menschen über sein eigenes Wesen ins Bild setzt.

Das Einhorn als Triebkraft

Eine Frau in der Lebensmitte, die stark dazu neigte, ihre natürlichen Kräfte und Triebe zu verdrängen, hatte öfters den folgenden Alptraum:
Ich träume wiederholt von einem wilden unbändigen Pferd im Walde. Im Traum höre ich deutlich das Herannahen der Hufschläge. Ich weiß und ahne, daß ein wilder Reiter mit diesem Pferd herbeikommt. Wenn dann meine Angst zunimmt, verstecke ich mich hinter einem dicken Baum. Wenn dann das Pferd vorbeigaloppiert ist und

ich ihm nachschaue, sehe ich, daß der Reiter abgeworfen worden ist. Diese dicke Eiche ist für mich zu einem wichtigen Schutz und Versteck geworden.

Einfälle der Träumerin: berichtet zagend und betroffen, wie schwer sie ihre Triebseite und ihre sexuellen Phantasien zulassen kann. Sie kann das Pferd, das im Wald herumgaloppiert und furchterregend herbeikommt, verstehen als jene Kräfte, die sie in ihr Unbewußtes verdrängt hat. Aus der Beschäftigung mit Symbolen und Märchen und der Bildersprache der Mythen kann die Träumerin den Wald als diesen Bereich des Unbewußten erkennen. Es ist ihr sehr wichtig, daß sie nicht unmittelbar diesen Kräften ausgeliefert und mit ihnen konfrontiert wird, sondern zunächst hinter dem Baum Zuflucht finden kann und der Gefahr hinterher sehen kann, wenn das Pferd mit dem Reiter vorbeigaloppiert ist. Dies ist für die Träumerin ein wichtiges Sinnbild dafür, daß sie ihre Probleme besser versteht, wenn sie im Nachhinein in Ruhe darüber nachdenken kann. Der abgeworfene Reiter hat damit zu tun, daß bei ihr eine gewisse Furcht und Angst vor der Begegnung mit dem Mann besteht.

Bei diesem wiederholt auftretenden Alptraum kommt der Träumerin die Phantasie, daß das Pferd einmal gegen den Baum galoppieren und sich den Schädel einrennen möge. Dann wäre wohl die Gefahr gebannt und die anstürmenden Triebansprüche wären damit vielleicht aus der Welt geschafft.

Zu dieser Phantasie fallen mir einige mittelalterliche Geschichten vom Einhorn ein, die ich der Träumerin erzähle, damit ihre freiflottierenden Ängste darin zu Worte kommen. Das Einhorn ist ein vielgestaltiges Fabelwesen mit einem Horn. Die fabulierende Phantasie erzählt von einhörnigen Pferden, Eseln, Drachen oder gar Fischen.

Für den Leser wird es plausibel und einsichtig sein, daß in dem wilden Reiter und in der Phantasie vom Einhorn die verdrängte Triebseite der Träumerin ins Bewußtsein dringt. Das Horn des Einhorns, das durchbohren oder aufspießen kann, ist oft ein eindrucksvolles Symbol für die Stärke der Naturkraft. Besonders in der mittelalterlichen Symbolik wird das Einhorn als ein starker Lebensgeist verstanden. In zahlreichen religiösen Texten des Mittelalters ist das Einhorn auch ein Symbol für den zornigen und rachsüchtigen Gott, der im Schoße der Jungfrau durch die Liebe gewandelt und besänftigt wird. C. G. Jung nennt zahlreiche Motive über das Einhorn in seiner Schrift «Psychologie und Alchemie» in der es z. B. auch als ein Symbol für das Böse und Dämonische erscheinen kann. Daher ermahnt der heilige

Basilius: «Sieh nun zu auch du, o Mensch, und nimm dich in acht vor dem Einhorn, nämlich vor dem Dämon. Denn er sinnt gegen die Menschen auf Böses und er ist klug im Bösetun...» (Jung, Ges. Werke 12, S. 508; Grundwerk 6, S. 211f.; Abb. 250).

Wenn die Traumkraft einen Menschen mit dieser verdrängten Triebkraft konfrontiert, ist es hilfreich, einen Schutzbaum zu haben, um von dem unbändigen Pferd nicht überrannt zu werden.

Bäume im Mondenschein

Manche Träume von Bäumen sind durch andere Bilder und Sinnbilder in einen bestimmten symbolischen Rahmen gestellt. Als Beispiel dafür möchte ich den Traum eines Theologen erzählen, der von Bäumen im Mondenschein träumte. Es handelt sich bei dem Träumer um einen Mann in der Lebensmitte, der sich in pastoral-psychologischer Fortbildung befand und mit der Veröffentlichung seines Traumes und seiner seelischen Erfahrungen ausdrücklich einverstanden ist. Der Traum lautet:

Ich sehe den Mond gerade über dem Kirchendach aufgehen. Er wandert weiter und bescheint die Bäume auf dem alten Friedhof neben der Kirche. Beim genauen Hinschauen sehe ich, daß die Kastanienbäume in voller Blüte stehen. Lange betrachte ich die unzähligen Kerzenblüten. Sie sehen von weitem aus wie kleine Tannenbäume mit Lichtern. Auch das Blattwerk der umstehenden Eichen erscheint durch das matte Mondlicht in einem Zwielicht von hell und dunkel. Der Anblick der Bäume im Mondenschein löst in mir ein Gefühl des Friedens und zugleich eine tiefe seelische Erregung aus.

Für den Träumer waren das starke Gefühl und das seelische Bewegtsein eine besondere Erfahrung.

Als Theologe hatte er durch sein Studium die intellektuellen Fähigkeiten wesentlich stärker entwickeln können als sein Gefühlsleben. Dieses wurde ihm durch die analytische Arbeit mit Träumen zugänglicher. Im Verlauf unserer gemeinsamen Arbeit hatte er Erfahrungen gesammelt, wie er seine Träume mit persönlichen Erlebnissen in Verbindung bringen konnte. Ferner waren die Träume für ihn eine große Hilfe, seine sinnlichen Empfindungen und seine Emotionen mehr kennenzulernen. Für seine persönliche Selbstverwirklichung und für die Verlebendigung seines Glaubenslebens wurden ihm bestimmte Symbole wegweisend. Dazu gehört insbesondere die Symbolik des Baumes, wie in diesem Traum.

Zu den sogenannten Tagesresten des Traumes gehörten für den Träumer zum einen die Tatsache, daß sich seine Schüler im Religionsunterricht damit beschäftigten, daß Bonifatius die Donareiche bei Kassel gefällt hat, und andererseits, daß die Kirche oft mit Macht versucht habe, den christlichen Glauben einzuführen. Auch zahlreiche andere Fragen mit Kritik an der Kirche wurden geäußert, und es ergab sich ein besonders lebhaftes Gespräch, z. B. über die gewaltsame Missionierung der Sachsen, indem sie zu Tausenden getötet wurden, weil sie sich nicht zum Christentum bekehren wollten. Ein Mädchen erinnerte sich, gelesen zu haben, daß früher der Baumfrevel mit dem Tode bestraft wurde. Wer einen Baum fällte, wurde getötet. Es wurde erarbeitet, daß besonders die Eichen den Germanen heilig waren. Viele Eichenheiligtümer waren Donar, dem Gewitter- und Kriegsgott, unterstellt. Ein Ergebnis dieses Gesprächs war, daß das Christentum durch manche Wurzeln mit dem Heidentum und den vorangegangenen Glaubensformen verbunden ist. Der Träumer, der bisher fanatisch und überzeugt die reine Lehre des Christentums vertreten hatte, wurde durch dieses Gespräch mit den Jugendlichen recht nachdenklich in bezug auf die Verwurzelung des Glaubens im Heidentum.

Viel mehr als die Eichen haben den Träumer die blühenden Kastanienbäume im Traum angesprochen. Jedes Jahr, wenn die Bäume auf dem alten Friedhof neben der Kirche blühen, war es ein ansprechendes und beeindruckendes Bild. Oft wurde der Träumer in seiner Seele von diesen blühenden Bäumen angesprochen und angerührt. Als ich ihn fragte, ob ihm Erinnerungen kommen an Kastanienbäume aus seiner Kindheit, fielen ihm spontan die alten Kastanien in seinem Heimatdorf ein. Oft hatten sie als Kinder unter den Bäumen gespielt. Tiefer als bisher gedacht scheint sich das Bild der Bäume der Kindheit in der Seele des Träumers eingegraben zu haben. Die Blütenkerzen an den Kastanien erschienen dem Träumer übergroß und erweckten daher den Eindruck eines Tannenbaumes. Durch das milde Mondlicht angestrahlt wurde die Pyramidenform der Blütenkerzen noch deutlicher. Neben der Farbigkeit war die Gestalt der Blüte besonders ansprechend und erregte die tiefen seelischen Gefühle, von denen im Traum bereits die Rede war.

Wichtig war für den Träumer auch der Standort seiner Bäume auf dem alten Friedhof neben der Kirche. Gelegentlich hielt er sich hier zur Besinnung und Einkehr auf. Es war für ihn ein besonders symbolischer Ort, an dem die Toten ruhten und zugleich die Bäume als ein Symbol des Lebens auf ihren Gräbern wuchsen.

Zu dem Mond, der über das Kirchendach wanderte und schließlich sein mildes Licht auf die blühenden Kastanien ausgoß, fiel dem Träumer spontan das Bild von Maria auf der Mondsichel ein, das sich als eine der Freskomalereien im Gewölbe seiner Kirche befand. Wenn er während der Gebete und der Liturgie am Altar gelegentlich aufblickte, sah er Maria auf dem Monde stehen. Er wußte, daß von der Mondsichelmadonna in der Offenbarung des Johannes die Rede ist (Kap. 12) als von der Frau, die das göttliche Kind zur Welt bringt. Sie wird dort geschildert als von der Sonne bekleidet, von Sternen bekrönt und stehend auf dem Mond. Während ihn das Bild bisher kalt und unberührt gelassen hatte, wurde es für den Träumer durch diesen Traum und die ihn begleitenden Gefühle zu einem Sinnbild und Symbol. Der Analysand, der sich bisher wenig mit feministischer Theologie befaßt hatte, erkannte, daß auch in seiner eigenen Seele dieses Urbild des Weiblichen lebendig ist. So wie Maria in dem Bild auf der Mondsichel steht, gehören in der Symbolik das Weibliche und die Sinnbildlichkeit des Mondes zusammen. Man könnte auch sagen, daß es zwei Seiten ein und derselben Sache sind.

Als Ergänzung möchte ich zu dem Mond über den Bäumen noch anmerken, daß in alten Geschichten und Mythen gelegentlich von Mondbäumen gesprochen wird. Mit der Zuordnung bestimmter Bäume zum Mond soll die Weiblichkeit von beiden Symbolgestalten (Baum und Mond) besonders hervorgehoben werden. Als ein Beispiel für diese Zusammenhänge möchte ich einige Darstellungen von Mondbäumen zeigen, die Esther Harding veröffentlicht hat. Sie schreibt dazu: «Manchmal wird der heilige Mondbaum als wirklicher Baum abgebildet, mit einer Mondsichel oder dem Mondgott in seinen Zweigen. Manchmal ist er stark schematisiert, so daß er gelegentlich nur noch als abgeschnittener Pfahl erscheint. Es gibt Darstellungen, auf denen er so verändert

Der Mondbaum von Babylon ähnelt der Lotosblüte.
Die unteren Zweige tragen Fackeln, die das Licht des Mondes
symbolisieren.
Der Mondbaum von Chaldaea, von einem Hag umgeben.
Der Mondbaum von Chaldaea mit Früchten.

und vereinfacht ist, daß er den steinernen Säulen
gleicht. Der Baumstamm kommt in Mythen vor,
die sich auf Mondgottheiten beziehen. In manchen Mondreligionen spielte das Abhauen eines
Baumes eine wichtige Rolle in dem jährlich aufge-
führten Ritual des Todes oder der Passion des
Gottes.» (Frauen-Mysterien, S. 42).
In dem Bild der Bäume und des Mondes erkannte
unser Träumer Urbildliches. Die Kirche im Traum
mit dem danebenliegenden Friedhof, die Bäume
und der Mond waren mehr als nur Erscheinungs-
bilder unserer alltäglichen Welt. Diese Gestalten
und Sinnbilder wurden zu Symbolen, die insbesondere weibliche Seiten im Träumer verlebendig-
ten und zur Entwicklung anregten. In den folgen-

den Wochen kam der Träumer wiederholt auf seinen Baumtraum zurück. Die gefühlsmäßige Betroffenheit führte zu einer Erdung des Geistes dieses Analysanden. Bisher hatte er sich nicht träumen lassen, daß seine christliche Gesinnung und sein theologischer Geist durch Bäume im Mondschein derart stark ins Natürliche und Lebendige verwickelt werden könnten. In der Folgezeit begriff er mehr von der tiefen Weisheit, die in der Symbolik der Bäume und des Mondes enthalten ist. Wie viele andere, die durch die feministische Theologie wieder weibliche und mütterliche Seiten im Gottesbild entdeckten, begriff der Träumer die Weisheit als ein neues Symbol, das viele Züge einer Muttergöttin trägt. Durch die Beschäftigung mit der Weisheitsliteratur im Bereich der biblischen Überlieferung entdeckte er für sich neu, was in Jesus Sirach 24,16–19 geschrieben steht:

Wie eine Terebinthe
breitete ich meine Wurzeln aus,
und meine Zweige waren voll Pracht und Anmut;
wie ein Weinstock sproßte ich lieblich auf,
und meine Triebe waren voll Schönheit
und Reichtum.
Ich bin die Mutter der edlen Liebe,
der Furcht, der Erkenntnis
und der heiligen Hoffnung;

ich werde allen meinen Kindern geschenkt,
als ewige Gabe aber nur denen,
die von Gott erwählt sind.
Kommt her zu mir, die ihr meiner begehrt,
und sättigt euch an meinen Früchten!

Das Traumbeispiel möchte Sie anregen, bei Ihren
eigenen Baumträumen künftig darauf zu achten,
welches Licht auf Ihre Bäume fällt und in welchem Lichte sie zu sehen sind. Offensichtlich
denkt die Seele sich etwas dabei, wenn sie die Bäume in der Sonne stehen läßt oder wenn sie vom
Mond beschienen werden. Das Licht, in dem die
Bäume unserer Träume stehen, wirft zugleich ein
Licht auf den seelischen Hintergrund des einzelnen Traumes, vor allem auf die Person des Träumers. Das einzelne Traumsymbol erhält durch
diesen Kontext eine vertiefte Bedeutung.

Das Beispiel dürfte aufgezeigt haben, wie der
Mond ein Licht auf die seelische Entwicklung des
Mannes wirft, während die Bäume im Sonnenschein stärker die geistigen Kräfte im Leben der
Frau wecken und fördern. Wenn Sie also als Männer oder Frauen künftig von Bäumen träumen,
achten Sie auf das Licht, in dem Ihnen die Bäume
erscheinen. Auf diese Weise können Sie sich einfühlen in den seelischen Hintergrund, mit dem Sie
durch Ihre Träume in Berührung kommen.

Beachten Sie auch die «Tagesreste» ihrer Träume. Dadurch lernen Sie besser verstehen, warum bestimmte Bilder und Symbole aufgegriffen werden, die Sie in den letzten Tagen bewegten und beschäftigten. Dabei können Sie auch entdecken, daß Ihre Seele nicht einfach bestimmte Bilder oder Dinge aus der Realität naturgetreu abbildet, sondern in der Regel weiterbildet. Bestimmte Erfahrungen dienen offensichtlich nur als «Aufhänger» oder Kristallisationspunkte, an die sich weitere Erfahrungen angliedern. Manchmal kann es auch geschehen, daß in vertrauten Bildern sich künftige Ereignisse ankündigen.

Todestraum vom Lebensbaum

Eine alte Dame, die der Anthroposophie von Rudolf Steiner sehr nahe stand, träumte auf ihrem Sterbebett, daß sie durch eine goldene Pforte gehe auf einen Lebensbaum zu, der im Paradiese stand.

Dieses archetypische Symbol des Lebensbaumes, das uns aus der biblischen Überlieferung vertraut ist, tritt gelegentlich in Todesträumen von Menschen in den letzten Minuten ihres Lebens auf. Angehörige der so Sterbenden wissen zu berichten, daß auf dem Angesicht dieser Menschen ein besonderer Glanz und Friede ruhte. Offensichtlich wird in solchen Erfahrungen das Realität, was die biblische Überlieferung mit dem Lebensbaum im Paradies und in der Offenbarung des Johannes bezeugt. Dort (22,2) heißt es: «Inmitten ihrer Straße und auf beiden Seiten des Stromes standen Bäume des Lebens, die zwölfmal Früchte tragen, indem sie jeden Monat ihre Frucht bringen, und die Blätter der Bäume dienen zur Heilung der Völker.» Der Standort des Baumes und seine Fruchtbarkeit wird besonders betont. Die Lebensbäume stehen in der himmlischen Stadt nicht wie unsere Straßenbäume an der Seite, sondern mitten drin, wie der Lebensbaum am Anfang auch mitten im Garten Eden stand. Der Baum ist damit die Mitte des Paradieses, des neuen Jerusalems, und die Mitte des Lebens schlechthin. Diese Mitte ist letztlich kein räumlicher und weltlicher Ort, sondern ein Symbol für eine Begegnung und eine Erfahrung, wenn ein Mensch zur Mitte seines Lebens kommt. Da die Sterbende in ihrem Traum auf einen Lebensbaum zugeht, scheint der Baum auch die Mitte zu bilden zwischen Leben und Tod, zwischen diesseitiger Welt und jenseitiger Wirklichkeit. In dieser persönlichen Erfahrung kommt ein archetypisches Motiv zum Ausdruck, indem der Lebensbaum zugleich ein kosmischer Baum ist. Er verbindet die drei kosmischen Bereiche (Himmel, Erde, Hölle) und wird damit zu einem verbindenden Symbol, wie z. B. die Leiter im Jakobstraum, auf der die Engel auf- und absteigen.

Erkennungsmerkmale
für archetypische Baumträume

Abschließend möchte ich einige Erkennungsmerkmale nennen, mit deren Hilfe Sie herausfinden und erkennen können, ob Ihr Traum ein persönliches Symbol darstellt oder ein überpersönliches Urbild. Wenn ein Traum Sie «unbedingt angeht» (Paul Tillich) und einen tiefen Eindruck macht, dürfte er archetypisch sein. Während die Träume mit unseren Alltagsproblemen und persönlichen Schwierigkeiten uns von daher bedingt berühren, betreffen uns die archetypischen Träume unbedingt, indem sie bedingungslos Anerkennung und Folgeleistung verlangen.

In einem archetypischen Traum sind die Emotionen «mehr» und stärker als bei einer Gemütsbewegung, der seelischen Erregung oder einem Gefühlszustand. Der Betroffene wird nicht nur bewegt und erregt, sondern darüber hinaus auf einen Beweggrund aufmerksam, der tiefer und umfassender ist als das eigene Leben und das seelische Erleben. Obwohl das Bildhafte und das

Emotionale unlöslich zusammenhängen, möchte ich es hier nacheinander beschreiben.

Archetypisch sind jene Urbilder, die in den Religionen als heilige Symbole anerkannt sind, wie z. B. der Lebensbaum oder der Baum mit den sieben Ästen, wie wir ihn aus akkadischen und sumerischen Rollsiegelbildern kennen und wie er uns in gestalteter Form im siebenarmigen jüdischen Leuchter begegnet. Auch die Mythen der Völker spiegeln archetypische Symbolsysteme, in denen man sich aufgehoben fühlen kann, wenn man in seinem Traum den Bruchteil eines Mythos (oder den ganzen) erkennt. Wer dies wahrnehmen möchte, sollte sich durch die allgemein zugängliche Fachliteratur kundig machen. Ohne diese Erkundung bleibt uns die Botschaft unserer archetypischen Träume dunkel. Archetypische Träume vermitteln uns eine überzeugende Botschaft, deren Wirkung wir uns nicht entziehen können. In solchen Träumen bricht etwas hervor, was nicht nur «aus» uns kommt, sondern «über» uns kommt. Diese räumlichen Bilder sind nicht buchstäblich zu verstehen, sondern sind sinnbildlich gemeint, um das «ganz andere» anzudeuten.

Zum Schluß bleibt zu sagen, daß man Archetypen letztlich nicht ganz erklären kann, aber ihre Wirksamkeit und die eindrucksvollen Urbilder anerkennen sollte.

Die Selbstfindung einer Frau durch Baumträume

Ähnlich wie Bäume unsere Wege und Straßen säumen, können sie auch den inneren Weg eines Menschen markieren. Durch das folgende Beispiel möchte ich zeigen, wie die wichtigsten Erfahrungen in der Selbstverwirklichung einer Frau sich um geträumte Bäume anordneten. Diese Frau in der Lebensmitte wurde durch eine schwere Lebenskrise mit tiefer Verzweiflung und Todessehnsucht dazu geführt, sich mit Hilfe ihrer Träume auf die Wurzeln ihrer Existenz zu besinnen. Sie ist verheiratet und hat drei Kinder im Alter von 18, 16 und 14 Jahren. Zu ihrem langen und mühevollen Weg nach innen gehörte über Jahre die Aufzeichnung und Bearbeitung von Träumen. Bei der Durchsicht ihres nächtlichen Tagebuches entdeckte sie nach einem Traumseminar über die Symbolik der Bäume, daß sie zahlreiche Baumträume hatte, die wichtige Schritte ihrer Selbstverwirklichung kennzeichnen. Bereitwillig stellte Mirjam (Pseudonym) einige Träume und ihre Aufzeichnungen und Einfälle dazu zur Verfügung, um anderen Menschen Mut zu machen, auf die leise Stimme im eigenen Inneren zu hören und vor allem der therapeutischen Traumkraft die Möglichkeit zu geben, im bewußten Leben Wurzeln zu schlagen.

Traum vom Umpflügen der Bäume

Ich beobachte, wie unsere junge Pfarrfrau im Garten des Pfarrhauses pflügt. Zahlreiche Erdschollen fallen zur Seite. Ich staune, mit welcher Kraft sie das Gerät führt, wie sie fest zupackt und die Griffe hält. Es kostet sie viel Mühe und Anstrengung. Auch einige Bäume an der Seite werden umgepflügt. Zunächst schienen es kleine Bäume zu sein, aber beim Fallen merke ich, wie stark ihre Wurzeln sind und wie stark ihr Stamm ist. Ich hatte es der Pfarrfrau nicht zugetraut, daß sie das Umpflügen schafft. Als sie an der Mauer ist, gerät der Griff des Pfluges an ihr Auge. Sie ist aber nicht verletzt. Dann will sie den Pflug durch ein Tor an eine andere Stelle des Gartens bringen.

Im Bild des Pflügens wird die Umbruchsituation im Leben der Träumerin angezeigt. Wie die Schollen der Erde umgebrochen werden, so bemüht sich Mirjam um das Aufbrechen verhärteter Lebensformen und neurotischer Beziehungsmuster. Dies ist wahrlich ein hartes Stück Seelenarbeit, die in der Bildersprache des Traumes als Pflügen und Ackern dargestellt wird. Mirjam hat diesen Traum während eines vierwöchigen Ehe-Therapie-Seminars auf Teneriffa, an dem sie zusammen mit ihrem Mann teilnimmt. In der Gruppe wurde hart gearbeitet. Die Träumerin berichtet: «In dieser Zeit gingen mir die Augen auf, wie stark ich bisher in meinem Leben eingeengt war. Ich gewann den Eindruck, am Leben vorbeigelebt zu haben und mich nur an religiösen Dogmen und Vorstellungen zu orientieren. Ich war überhaupt nicht verbunden mit meiner Natur und mit dem Boden der Realität. Ich habe zwar Gesetze erfüllt, wußte, was richtig und was falsch war, aber ich wurde im Grund meiner Seele krank. In der Pfarrfrau und ihrer Tätigkeit sehe ich einen Teil von mir selber.»

Mirjam berichtet ferner, daß sie bis zu diesem Seminar nicht gewußt habe, was Leben sei und wer sie selber ist. So wie der Griff des Pfluges an das Auge der Pfarrfrau kommt, so gehen ihr die Augen auf über ihr bisheriges Leben. Sie lernte viele Irrwege ihrer Vergangenheit kennen und begriff zugleich, daß sie das Steuer ihres Lebens selber in die Hand nehmen müsse und ihr Leben so gestalten, wie diese Frau den Garten pflügt. In dem Bild des Gartens erkennt die Träumerin ihre innere Welt. Sie ist für sie ein Ort des Rückzugs und auch des persönlichen Wachstums. Die kleinen Bäume im Traum, die mit umgepflügt werden, bezieht Mirjam auf ihr geringes Selbstbewußtsein und das mangelnde Selbstwertgefühl. Doch durch die Arbeit in der Therapie-Gruppe lernt sie auch verborgene Seiten von sich kennen, die in den starken Baumstämmen und den Wurzeln beim Umpflügen sichtbar werden. So entdeckt die Träumerin durch die therapeutische Arbeit, wie stark sie dennoch im Leben verwurzelt ist. Die Botschaft des Traumes: «Ich hatte es ihr nicht zugetraut, daß sie das Umpflügen schafft», kann Mirjam schließlich auf sich beziehen und von sich sagen: «Ich hatte es mir nicht zugetraut, daß ich einen Umbruch und eine Wandlung meines Lebens schaffen könne.» Die weiteren Träume werden zeigen, welcher Weg noch zurückzulegen ist.

Der nächste Traum schildert im Bild des Baumes die Auseinandersetzung mit der Mutter und mit dem mütterlichen Urgrund der Seele. Zwischen beiden Träumen liegen etwa eineinhalb Jahre, in denen in intensiver Seelenarbeit persönliche Schwierigkeiten und Entwicklungsmöglichkeiten bewußt wurden und damit bearbeitet werden konnten.

Die Auseinandersetzung mit der Mutter

Ich gehe in den Urwald und fälle als Negerfrau einen riesengroßen Baum. Ich habe viel Mut zu dieser Tat. Der Baum ist von Ratten und Würmern von innen heraus völlig zerfressen. In langer Arbeit haben diese Tiere immer wieder die Wurzeln abgenagt und somit die Lebenszufuhr unterbrochen. Da der Baum innen völlig hohl und leer ist, muß ich nur noch die Rindenhülle niederschlagen. An der Stelle, wo der Baum stand, sehe ich eine vielblättrige neue Pflanze wachsen. Ich kenne ihren Namen noch nicht. Es ist eine fremdländische Pflanze vom Osten mit einer geheimnisvollen Blüte. Um diese Blüte herum ist bereits ein frischer junger Mischwald gewachsen.

Während Mirjam im Traum recht mutig ist und den alten morschen Baum umschlägt, ist ihre reale Situation keineswegs so ermutigend. Die ehelichen Beziehungsschwierigkeiten sind derzeit recht groß. Ihr Mann muß aus gesundheitlichen Gründen für ein Vierteljahr in eine psychosomatische Klinik. Die Träumerin beginnt während dieser Zeit eine Therapiegruppe. Gerade weil die reale Situation derart schwierig ist, wachsen ihr im Traum ungeahnte Kräfte und ein bisher verborgener Mut zu. Inzwischen hat sie natürliche Seiten in sich entdeckt, die im Bild der Negerfrau erscheinen. So wie sie mutig in den Wald geht, wendet sie sich in der Therapie der Arbeit am Unbewußten zu. Der Wald und insbesondere der Urwald ist häufig ein Bild für das Unbewußte. Zu dem Traumbild der Negerin berichtet Mirjam, daß sie begonnen habe, sich mit anderen Kulturen zu beschäftigen. Besonders liebt sie die Lebensweisheit der Indianer in Südamerika und identifiziert sich gerne mit den weisen Frauen eines Stammes. Auch mit den afrikanischen Stammesmüttern, die in den natürlichen Rhythmus des Lebens eingebunden sind, mag sie sich gerne identifizieren. Dieses neue und ursprüngliche Bild der Frau gibt Mirjam die Kraft, sich der Auseinandersetzung mit ihrer vergangenen Lebensgeschichte, mit den Erfahrungen mit der Mutter und ihrem eigenen Unbewußten zu stellen. Der zu fällende Baum ist für die Träumerin ein Bild für die weitere Auseinandersetzung mit ihrer Mutter. Jahrelang höhlten diese unverarbeiteten Erfahrungen ihr Leben aus, wie die Ratten und Würmer im Traum den Baum von innen zerfressen. Zu diesem Motiv fällt der Träumerin das Märchen vom «Teufel mit den drei goldenen Haaren» ein. Dort wird erzählt, wie eine Maus und eine Kröte an den Wurzeln eines Baumes nagen und damit verhindern, daß der Baum Früchte trägt. Wie im Traum die Wurzeln des Baumes abgenagt und damit die Lebenszufuhr unterbrochen wird, so fühlt sich die Träumerin derzeit von der Zufuhr neuer Lebenskräfte und von ihren Wurzeln abgeschnitten.

Zu der geheimnisvollen fremdländischen Pflanze mit der wunderschönen Blüte fallen der Träumerin Seerosen auf einem Teich ein und die Lotosblüte aus der östlichen Symbolik. Für sie ist in der letzten Zeit die Blüte ein Sinnbild für ganzheitliches Leben geworden. Mirjam hat angefangen, diese Blüten auf Teller zu malen und in Mandalas darzustellen. Oft war diese Symbolik das Grundmuster, wenn sie traurig war und ihre Gedanken sie verwirrten. Im Traum stammt diese fremdländische Pflanze mit der geheimnisvollen Blüte aus dem Osten. Die Träumerin berichtet, daß sie schon immer vom Osten und dessen Philosophie und Religion fasziniert war. Besonders begeistert ist sie von den östlichen Frauen mit ihren farbigen Gewändern. Ihre Mutter dagegen hat dies alles verurteilt und als negativ oder gar teuflisch aufgrund ihres christlichen Glaubens abgelehnt. Diese Erfahrung läßt uns verständlich werden, warum der alte ausgehöhlte Baum abgehauen werden muß. Er ist ein Sinnbild für die Mutter und deren verinnerlichten Anschauungen. Erst nachdem der negative Einfluß der Mutter beseitigt ist, kann die neue Blüte, die fremdländische Pflanze vom Osten, als ein Symbol für das neue Selbst der

Träumerin wachsen. Obwohl es in unserer Sprache «der» Baum heißt und damit das männliche Geschlecht des Baumes zum Ausdruck gebracht wird, ist er in der Seelensprache doch häufig ein weibliches und mütterliches Symbol. Besonders der negative Einfluß der Mutter und des mütterlichen Urgrundes der Seele kann das persönliche Erleben beeinträchtigen, umso mehr wenn der Vater als ein positives Gegenbild fehlt, wie dies im Schicksal der Träumerin der Fall ist.

Der Vater und die Palme

An der Brücke des Nord-Ostsee-Kanals geht eine Treppe hinunter. Sie reicht in eine Art Bunker hinein. Ich möchte als kleines Mädchen dort meinem Vater begegnen und ganz allein mit ihm sein. Ich möchte ihn nur für mich haben, aber meine Schwester stört mich. Weil ich ihn nicht bekomme, laufe ich weiter auf dem Sand am Meer entlang. Am Horizont sehe ich eine Palme, noch ganz unter Wasser versunken. Ich ziehe ihre Blätter aus dem Wasser heraus und will sie an der Luft trocknen.

Dieser Traum zeigt den schicksalhaften Verlust des Vaters an. Im Bild der Palme unter Wasser erscheint die weibliche Identität noch weitgehend unbewußt zu sein. Die unbewußte Bindung an den im Krieg gefallenen Vater schafft in der Seele der Träumerin das Bild eines überpersönlichen Geistvaters, demgegenüber man sich im Unbewußten als kleines Mädchen fühlt, wie es im Traum heißt. Die reale Situation der Träumerin ist, daß sie für vier Wochen an einer akuten Leberentzündung erkrankt war. Fast jedes Jahr erlebt und durchleidet Mirjam im Frühjahr und im Herbst derartige zumeist psychosomatische Krankheitsphasen. Einesteils fühlt sie sich dann wie die Palme unter Wasser, andererseits erlebt sie nach diesem Zurückgeworfensein auf sich selber eine neue Phase der Selbstverwirklichung. Zu den einzelnen Motiven des Traumes erzählt sie: «Zum Bild der Palme möchte ich sagen, daß ich die Palme als meinen Baum empfinde. Wenn ich im Urlaub am Stamm einer Palme sitze und mich anlehne, weiß ich mich ganz eins mit dem Baum. Für mich ist dieses Anlehnen an einen Baum eine besondere Erfahrung. Ich habe das Gefühl, daß ich eine Rückenstärkung bekomme. Ich habe sonst im Leben häufig das Gefühl, daß ich im Rücken schwach bin und leicht zusammensacke, weil ich mich nie an meinen Vater oder an meine Mutter anlehnen konnte. Durch den Körperkontakt mit einem Baum fühle ich eine starke Einheit mit der Natur und mit mir selber. Wenn ich mich an einen Baum anlehnen kann, fühle ich mich unabhängig von Menschen und kann in mich selber versunken sein. In dieser Meditation kommen mir viele gute Ideen. Ich spüre dann, wie mich eine geistige Erkenntnis durchfließt und ich über vieles in meinem Leben eine Klarheit bekomme.»

Der Traum ruft in den Bildern des ersten Teiles den Verlust des Vaters in Erinnerung. Ihm möchte sie im Bunker begegnen und ganz allein mit ihm sein. Mirjam erzählt, daß der Vater im Osten, in Estland gefallen sei, als sie dreieinhalb Jahre alt war. «Dies ist der größte Verlust meines Lebens. Weil der Vater im Osten seine letzte Ruhestätte gefunden hat, spürte ich häufig eine starke Sehnsucht nach dem Osten und begann mich mit östlichen Lebensformen und Religionen zu beschäftigen.» Die Erinnerung an den leiblichen Vater und dessen Verlust haben von Kindheit an ein starkes Interesse am überpersönlichen Geist-Vater, dem himmlischen Vater, geweckt. So bestimmte denn eine starke Frömmigkeit die weibliche Entwicklung und beeinträchtigte in manchen Übertreibungen und fanatischen Einseitigkeiten die seelische Entwicklung. Ein Ausdruck dieser Schwierigkeiten sind die im Frühjahr und im Herbst auftretenden zumeist psychosomatischen Erkrankungen. Eine solche Erfahrung ist in dem Bild der Palme angedeutet, in dem die Träumerin ihre akute Leberentzündung darstellt. Mirjam berichtet: «Während der vierwöchigen Krankenhauszeit habe ich angefangen, Pflanzenmotive und Bäume zu malen, um diese Zeit sinnvoll zu nutzen. In dieser Zeit habe ich auch eine Palme gemalt, an deren Stamm eine merkwürdige Auswachsung zu sehen ist. Es könnte eine aufgesprungene Kokosfrucht sein, die aus sich heraus neues Wachstum hervorbringt. Nachdem ich zunächst das Bild absichtslos gemalt habe, ist mir später aufgefallen, daß ich hier wohl auch die Leberentzündung in meinem Leib dargestellt habe. Darüber habe ich eine Spirale gemalt, die für mich das Bild der Sammlung und Ordnung ist. Wie in dem Stamm der Palme das Geordnete und Heile (in Gestalt der Spirale) und die aufgeplatzte Frucht als Bild für meine Krankheit enthalten sind, so sind auch in meinem Leib das Kranke und die Krankheiten wie auch Kräfte für die Heilung enthalten. Die Spirale ist für mich ein Symbol für den zyklischen Prozeß des Lebens, für Wiederkehr und Erneuerung, wie es für mich als Frau auch in den Mondphasen zum Ausdruck kommt.»

Mirjam gestaltete auch in einer Tonarbeit (30×28 cm) einen Früchtebaum mit sieben Wurzeln. Die Rückseite des Baumes ist als Baumgöttin geformt, die auf ihrem Haupt und im Schoß das Symbol des Baumes trägt. Die herabgleitende

Schlange trinkt Milch aus einer Schale an der Brust. Das Motiv der Schale kehrt in 16facher Gestalt der Schalen-Krone wieder (siehe Abbildungen). 16 ist symbolisch die Vervierfachung der Ganzheitszahl, die wir z. B. aus den 4 Jahreszeiten und den Himmelsrichtungen kennen.

In dem nächsten und letzten Traum sind zwei weitere Aspekte des Baumes hervorgehoben.

Weibliche und männliche Anteile im Baum

Meine Freundin Anneliese schickt mir ein Preisausschreiben mit der Aufgabe, einen Baum zu malen. Der Stamm sei gegeben, die Krone sei auszugestalten, ebenso die Wurzeln. Ich sah die Form des Stammes. Ein Mann zeichnet eine Schalen-Krone. Eine Frau zeichnet eine Phallus-Krone. Ich war ganz begeistert.

Mirjam erzählt, daß ihr erster Gedanke beim Aufwachen gewesen sei, daß mit dem Preisausschreiben eine Weltreise zu gewinnen sei. Gerne würde sie eine solche Reise gewinnen und in einen östlichen Erdteil fahren. Aus der langjährigen Arbeit mit Träumen ist Mirjam bekannt, daß das Motiv einer Reise in der Bildersprache der Träume oft für die seelische Entwicklung verwendet wird. Auch in der gegenwärtigen Lebensphase ist in ihrem persönlichen Leben und in ihrem Eheleben eine weitere Entwicklung gefordert. Das Bild des Preisausschreibens zeigt an, daß nicht irgendeine beliebige Reise gemeint ist, sondern eine Entwicklung um einen ganz wichtigen persönlichen Preis. Nach dem Traum gehört zu den Aufgaben des Preisausschreibens, daß die Frau eine sogenannte Phallus-Krone zeichnete und der Mann eine Baum-Krone wie eine Schale. Die verschiedenen Gestalten und Formen der Krone können wir uns zum einen wie eine spitze Tanne oder eine schlanke Pappel vorstellen (phallische Gestalt) und zum anderen die runde Form der Krone wie ein schöner Laubbaum. Durch den Traum fühlte sich Mirjam motiviert, ihren Baum zu malen. In ihrem Bild stellte sie einerseits die Krone des Baumes mit den Früchten und andererseits den Stamm dar, der in einer phallischen Gestalt in die Krone hineinragt. Dieses Phallische ist für die Träumerin ein Sinnbild für die in ihr erwachte geistige Kraft und ihre Kreativität. Es ist ein Phantasiebild, um sowohl die Fruchtbarkeit und das Schöpferische im Leben einer Frau zum Ausdruck zu bringen als auch die geistige Kraft abzubilden.

Die Aufforderung im Traum, die Krone des Baumes nach dem Bild eines Phallus zu gestalten, erinnerte mich an ein Bild aus dem Bereich der alchemistischen Symbolik des 15. Jahrhunderts,

das C. G. Jung veröffentlicht hat. Wir sehen dort, wie bei der Frau der Lebensbaum aus dem Haupt und bei dem dazugehörigen Bild der männlichen Entwicklung aus dem Penis erwächst (Ges. Werk 12 = Grundwerk 6, Abb. 131 und 135). Das Phallische ist im ersten Bild jedoch nicht als Penis zu verstehen, sondern als ein Symbol der geistigen Kraft und Kreativität und der Fruchtbarkeit im

Leben der Frau. Ähnlich bedeutet das Phallische
im Leben des Mannes mehr als nur sexuelle Potenz und Zeugung, es ist das Vermögen und die
Potenz zur geistigen Über-zeugung. Diese
Entwicklungsmöglichkeiten von Mann und Frau
werden durch Leiden und durch das Sterben des
neurotischen Menschen freigesetzt. Daher ist in
dem alchemistischen Bild das Sterben der Frau

durch den Totenschädel dargestellt, unter dem das Ganzheitssymbol erscheint. Auch der Mann ist durch den Fingerzeig sowie durch das Geschoß des Gottes Merkur verletzt und entdeckt durch die Qual neue Quellen seiner Kraft und seiner Entwicklungsmöglichkeiten, die bei Mann und Frau durch das Wachsen des Baumes dargestellt sind. Dieses lebendige und dynamische Geschehen ist ein eindrucksvolles Symbol für die Selbstverwirklichung von Mann und Frau.

Wenn nach den Zeiten der Auseinandersetzung die Integration zur Ganzheit anhebt, ist nicht mehr das Ich, sondern das Selbst das Zentrum der wachsenden ganzheitlichen Persönlichkeit. Diesen schwierigen und oft schmerzlichen Weg zur seelischen Entwicklung des Weiblichen faßt Erich Neumann abschließend folgendermaßen zusammen:

«Im Verlaufe der Individuation nimmt sich das Weibliche in gewissem Maße aus der Beziehung zum äußeren Partner wieder zurück und erfährt auf höherer Ebene die Instanzen innen, die es in dem Beginn seiner Entwicklung hatte aufgeben müssen. So kommt es zur Neuerfahrung der männlichen Seite der eigenen Natur, die als Held und als patriarchaler Uroboros am Beginn vorwiegend in Projektion außen erlebt worden war. Der Wandlungsprozeß führt zur Begegnung mit dem inneren Männlich-Göttlichen auf erhöhter Stufe, der Geburt des göttlichen Kindes und all den Entwicklungen, die wir z. B. im Mythos von Eros und Psyche dargestellt finden. Aber es kommt jetzt auch zur Wiederkehr der Urbeziehung in einer neuen und erhöhten Form, der Begegnung des weiblichen Ich mit dem weiblichen Selbst. Mit dem Wiederanschluß an die Große Mutter als Erdmutter, als Sophia und als weibliches Selbst schließt sich die Entwicklung und bildet mit dem Anfang eine Einheit. Mit dem Auftauchen der erhöhten uroborischen Gestalt des Selbst, in dem die Figur der Großen Mutter und die des patriarchalen Uroboros oder des Großen Vaters miteinander vereint sind, kommt das Weibliche zu einer inneren Erneuerung, einer ihm spezifischen geistig-seelischen Fruchtbarkeit und zur höchsten ihm möglichen Erfahrung der Ganzheit der Psyche.» (Zur Psychologie des Weiblichen. Rascher 1953, S. 64)

Persönlicher Umgang mit Träumen und Bäumen

Wenn Sie das Buch oder einzelne Sie interessierende Kapitel gelesen haben, werden Sie sicher aus den Beispielen und Erfahrungen der anderen für sich persönlich einige Anregungen und Hilfen zum Verständnis Ihrer Träume und für den Umgang mit Bäumen empfangen haben. Es kann sicher nicht darum gehen, es genauso zu tun wie dieser Mann oder jene Frau, die sich meditierend an einen Baum anlehnte und für sich Trost und neue Kraft empfing. Jeder kann nur *seinen* Weg finden und gehen, aber man kann sich dabei an den Schritten anderer, die vor uns diesen Weg gegangen sind, orientieren. Das Wort «Umgang» mit Träumen und Bäumen will darauf aufmerksam machen, daß man mit den Träumen und Symbolen umgehen lernt und nicht nur darüber nachdenkt. Umgang heißt, sich mit den Träumen auf den Weg zu machen und sie im Leben Wurzeln schlagen zu lassen. Umgang meint ferner, daß es kein gerader Weg ist, sondern ein kreisähnlicher Weg, auf dem man von allen Seiten seinen Baum oder einen Traum betrachtet und mit ihnen umgeht. Dieser Umgang als eine ganzheitliche Begegnung sollte mit Kopf und Herz geschehen, mit der Körpererfahrung und der Phantasie. Nach der Typologie C. G. Jungs geschieht diese ganzheitliche Orientierung mit dem Denken, dem Fühlen, dem Empfinden und der Intuition. Mit Hilfe der *Empfindung* und unserer Sinneswahrnehmungen stellen wir fest, *daß* etwas existiert. Das *Denken* sagt uns, *was* es ist. Mit Hilfe unseres *Fühlens* und der Gefühle können wir *Wert*urteile über unsere Erfahrungen machen und erkennen, ob etwas angenehm oder unangenehm ist. Mit Hilfe unseres Ahnungsvermögens, der *Intuition*, erspüren wir die Wurzeln unserer Bäume und unserer Erfahrungen und *ahnen*, wozu es dienen mag. Wenn Sie gewisse Vorstellungen von Ihrem Charakter und Ihrer persönlichen Typologie haben und dies gründlicher testen wollen, können Sie den wissenschaftlichen Jungschen Typentest machen (befindet sich mit einer Auswertungstabelle im Anhang meines Buches: «Religiöse Neurosen»). Unsere Träume sind zumeist so strukturiert, wie wir im Grunde unserer Persönlichkeit sind. Es ist so wie bei einem Apfel, aus dessen Kern wiederum ein Apfelbaum wächst und kein Birnbaum. Doch dieses Naturgesetz gilt nur bedingt für unsere Träume. Häufig kompensieren unsere Träume auch die persönlichen Schwachstellen. Mit Kompensation ist eine ausgleichende Wirkung des Traumes bzw.

des Unbewußten auf unser bewußtes Leben gemeint. Die Kompensation trägt zur Ganzwerdung unserer Persönlichkeit bei.

Wenn wir unsere Träume beachten, unterstützen wir damit das Bemühen unserer Seele nach einer ganzheitlichen Orientierung. Wenn wir im bewußten Leben sehr auf das Denken und die rationale Orientierung ausgerichtet sind, könnte die ausgleichende und kompensierende Wirkung unserer Träume darin bestehen, daß sie uns starke Gefühle und Empfindungen vermitteln. Ist dagegen unser Gefühlsleben und unsere Fühlfunktion unsere Hauptorientierungsmöglichkeit, so daß wir nahezu von einem Strom der Gefühle fortgeschwemmt werden, dann könnte die Kompensation des Traumes darin bestehen, daß er uns zum Nachdenken anregt über das, was uns widerfährt. Ein ähnliches Gegensatzpaar wie Denken und Fühlen bildet das Empfinden und die Intuition. Wenn Sie mit Ihrem Körpergefühl und Ihren Sinneswahrnehmungen gut umgehen können, sollten Sie die Intuition nicht vernachlässigen, indem Sie sich die Frage stellen, wozu Ihnen diese Empfindungen dienen können und woher sie kommen. Umgekehrt besteht bei einem Menschen mit einer gut ausgeprägten Intuition die Aufgabe darin, seinen Körper und seine Sinneswahrnehmungen zu schulen. Zu diesen typologischen Verstehensmöglichkeiten eines Traumes finden Sie in dem Kapitel «Baumträume selber deuten» in den Fragen 9–12 weitere Anregungen zum persönlichen Umgang mit Ihren Träumen.

Die Traumkraft erspüren

Wenn Sie ein Traumtagebuch führen oder einen einzelnen für Sie wichtigen Traum aufgeschrieben haben und bearbeiten wollen, sollten Sie besonders das derzeitige Lebensgefühl beachten. Sowohl die Stimmung im Traum als auch das seelische Befinden im realen Leben mögen Sie in Worte kleiden und aufschreiben. Versuchen Sie, Ihren Gefühlen nachzuspüren und die Gründe sowie die Wurzeln Ihrer Stimmungen zu erfassen. Bemühen Sie sich, die positiven Gefühle in Ihr Erleben aufzunehmen und wachsen zu lassen. Stellen Sie sich in Ihrer Phantasie vor: Mein Lebensgefühl und meine Emotionen verhelfen mir zum seelischen und geistigen Wachstum, wie der Saft im Baum aus den Wurzeln aufsteigt und in die kleinsten Verästelungen in der Krone und in die Blätter gelangt.

Für den persönlichen Umgang mit Ihren Träumen ist es wichtig, die Zielrichtung der Traumkraft zu erspüren. Träume sind keineswegs nur ein Zufallsprodukt der menschlichen Natur. Wie wir an den vorangegangenen Beispielen gesehen haben, ist dem Träumer durch seine Baumträume etwas zugefallen zur Selbsterkenntnis und zur Selbstverwirklichung. Wenn Sie die Zielrichtung Ihrer Traumkraft erspüren und kennenlernen wollen, «baden» Sie bewußt eine Zeitlang in Ihren Gefühlen. Machen Sie es wie ein Schwimmer, der sich dem Strom des fließenden Wassers überläßt. Sie brauchen dabei keine Angst zu haben, daß Sie von Ihrem Gefühlsstrom fortgerissen werden oder gar ertrinken. Wenn Sie diese Übung am Tage machen, mit vollem Bewußtsein, können Sie zu jedem Zeitpunkt Ihren Verstand einschalten.

In der Bildersprache der Seele sind die Bäume zumeist ein positives Symbol für die Entwicklung und das Wachstum Ihrer Persönlichkeit. Daher sollten Sie das Vorstellungsbild von Ihrem Baum festhalten und nach den verschiedenen Seiten meditierend umdenken. Durch diese Phantasietätigkeit wirkt das Bild tief hinein in den Wurzelbereich Ihres Unbewußten. Indem Sie Ihren Lebensbaum in den Mutterboden Ihrer Gefühle verwurzeln, ordnen und stärken Sie Ihr Lebensgefühl. Mit dem Baum-Symbol bieten Sie Ihrer zumeist verborgenen Lebenskraft eine echte Aufstiegschance. Während wir durch Hemmungen und

durch Abwehr der Traumkraft unsere Lebens-
schwierigkeiten schmerzlich vergrößern und unsere Minderwertigkeitskomplexe steigern, kann
durch das Baum-Symbol eine fließende Beziehung geschaffen werden zwischen dem Bereich
des Unbewußten mit seinen Energiequellen und
dem geistigen Bewußtsein mit seiner gestaltenden
Überzeugungskraft.

Wenn Sie sich auf die geschilderten Erfahrungen
einlassen, werden Sie feststellen, daß die Träume
eine Botschaft nahebringen, die das Leben besser
gelingen läßt. Bäume sind Boten unserer natürlichen Lebenskraft. Sie vermitteln uns eine Ahnung
und Empfindung von einem ganzheitlichen Leben. Daher beachten Sie das Angebot der Bäume
in Ihren Träumen. Wenn Sie diese Botschaft im
Leben realisieren, werden Sie in Ihrer geistig-
seelischen Persönlichkeit wachsen wie ein Baum.

Zwiegespräche mit einem Baum

Oft ist es hilfreich, die Botschaft eines nichtver-
standenen Baum-Traums durch einen Dialog, ein
bewußt gelenktes Zwiegespräch, zu entschlüsseln.
Ein eindrucksvolles Beispiel dafür ist das Traum-
fragment, das Ann Faraday (Deine Träume –
Schlüssel zur Selbsterkenntnis, S. 246 ff.) mitteilt.

Die Träumerin, Christine, ist eine Hausfrau mit zwei erwachsenen Kindern im College. Nach dem Tod ihres Mannes hatte sie begonnen, östliche Religionen zu studieren und zu praktizieren. Als Yoga-Lehrerin und durch Meditation trachtete sie nach dem reinen Licht der Bewußtheit. Aus dieser Geisteshaltung heraus maß sie ihren Träumen kaum eine Bedeutung bei. Durch einen Traum vom Baum war sie jedoch so fasziniert, daß sie nach dessen Bedeutung fragte.

In ihrem Traum fuhr Christine in ihrem Auto und merkte, daß der Rückblick nach hinten durch einen großen, buschigen Baum auf dem Rücksitz versperrt war. Die Träumerin brachte diesen Baum mit einem bestimmten Baum aus ihrer Kindheit in Verbindung.

Doch sie konnte ihn mit keiner Erfahrung aus der Gegenwart verknüpfen. Dies gelang ihr schließlich durch den folgenden Dialog:

Christine: Was machst du auf dem Rücksitz meines Wagens? Du versperrst mir den Blick, und wir könnten einen Unfall haben.

Baum: Um Himmels willen, du mußt mich hier hergesetzt haben – und es gefällt mir ganz und gar nicht. Ein Auto ist kein Platz für einen Baum. Schau mal, meine Wurzeln trocknen aus und verdorren, weil sie keine Erde haben und Wasser brauchen...

Christine: Ja, was erwartest du denn von mir? Ich habe im Augenblick viel zu viel zu tun...

Baum: Wenn du mich nicht bald einpflanzt, werde ich sterben.

Christine: Sehr bedauerlich. Aber ich bin nicht für dich verantwortlich. Ich habe meine Arbeit zu tun. Warum störst du mich eigentlich gerade jetzt, da ich wirklich in höhere Bewußtseinszustände gelange?

Baum: Weil ich *jetzt* eingepflanzt werden muß.

Christine: Es ist mir gräßlich, einen schönen Baum sterben zu sehen. Ich mag Bäume – aber ich habe meine eigenen Dinge zu erledigen, und außerdem bin ich kein Gärtner. Ich würde gar nicht wissen, wie man es anfängt, einen Baum einzupflanzen. Aber ich werde ein Abkommen mit dir treffen. Wenn du aussteigst und mich bis zu meinem Ziel fahren läßt, dann werde ich dich einpflanzen.

Baum: Das heißt nie, und du weißt es auch. Du fährst an einen Ort und dann machst du dich zum nächsten auf, treibst dich an, um diesen Zustand und jenen Zustand zu erreichen und dieses zu tun und jenes zu tun. Nein, ich werde dieses Fenster versperren und hier auf dem Rücksitz bleiben, bis du langsamer fährst oder einen Unfall hast. Du mußt mich einpflanzen – es ist einfach vordringlich.

Christine spürte, daß der Baum ihr eigenes seelisches und geistiges Wachstum beinhaltete. Bisher hatte sie geglaubt, daß sie ihr natürliches Leben und ihre persönlichen Wünsche unterdrücken müßte. Wenn sie wo weiterlebte, würde es zu einem Unfall kommen, sagte der Baum. In einem weiteren Zwiegespräch vermittelte ihr der Baum folgende Botschaft:

Baum: Glaubst du, du bist für nichts und wieder nichts auf der Erde? Glaubst du, du kannst von ihr nichts lernen? Ich bin dein wahres geistiges Wachstum – nicht bloß Natur, der Baum des Lebens. Mit meinen Wurzeln tief in der Erde erfahre ich ihre Geheimnisse und kann sie dem Himmel übermitteln; und mit meinen Ästen hoch in der Luft erfahre ich die Geheimnisse des Himmels und übermittle sie der Erde. Ich trage die Geheimnisse der Welten – Leib und Seele – zusammen und biete ein Heim, in dem die Geschöpfe der Natur wachsen können, und ich erzeuge auch die lebensspendende frische Luft für sie.

Es war klar, daß sich Christine mit Kopf und Herz zu einer neuen und positiveren Einschätzung des natürlichen Lebens bekehrte, und mir fiel Jung ein, der gesagt hatte, große Neuerungen kommen nie von oben, sondern unweigerlich von unten, genau wie Bäume nie vom Himmel abwärts wachsen, sondern von der Erde nach oben, und ich dachte an Teilhard de Chardins Vorstellung, daß sich das Bewußtsein durch «das Steigen innerer Säfte» entwickelt.

Der Träumerin ging auf, daß der Baum ihr eigenes geistiges Wachstum war, das abzusterben drohte, wenn es nicht in ihrem natürlichen Leben und seelischen Erleben verwurzelt wurde, so wie der Baum im Auto vertrocknet, wenn er nicht in die Erde eingepflanzt wird. In ihrer religiösen Überzeugung und geistigen Anschauung hatte sie gemeint, das physische Leben und die natürlichen Bedürfnisse unterdrücken zu müssen. Während Christine in ihrer geistigen Verwirklichung vorwärts strebte, nahm sie buchstäblich keine Rücksicht auf den Baum als ein Symbol des Lebens und der Selbstverwirklichung. Daher versperrt der große buschige Baum auf dem Rücksitz des Autos den Rückblick und zwingt sie so zum Umdenken und zur Änderung ihrer Einstellung.

Christines Umgang mit dem Baum möge Sie anregen und ermutigen, ein ähnliches Phantasiegespräch mit einem Baum Ihrer Träume anzustreben. Wie Sie an dem Beispiel gesehen haben, muß es zunächst nicht unbedingt ein positiver Traum sein. Auch negative Traumbilder wollen uns etwas sagen. Wenn wir diesen Bildern die Möglichkeit geben, ihre verborgene Botschaft in Worte zu kleiden, können wir damit bedrohliche Situationen und Hemmnisse aus dem Wege räumen. Wenn Christine z. B. keine Rücksicht auf ihren Lebensbaum genommen hätte, wäre vermutlich ein «Unfall» unvermeidlich gewesen. Dieses Bildwort will sagen, saß es voraussichtlich zu spürbaren seelischen Schwierigkeiten oder gar zu einer neurotischen Erkrankung gekommen wäre.

Einem Baum sein Leid klagen

An Bäumen können wir uns aufrichten und uns an sie anlehnen. Und wir können ihnen unser Leid klagen. Bäume sind stille Zuhörer. Sie stellen keine Fragen, sie widersprechen nicht. Sie laufen nicht weg, wie Menschen, die keine Zeit für uns haben. Sie stehen ganz einfach da und warten auf uns, bis wir zu ihnen kommen. Bäume sind standhaft und verwurzelt und fallen nicht um, wenn wir ihnen Schweres und Leidvolles anvertrauen. Mancher von Ihnen wird sich vielleicht fragen, ob es nicht eine seltsame Idee ist, einem Baum sein Leid zu klagen. Ich möchte Ihnen ein Beispiel berichten, wie ich zu dem Rat gekommen bin, den Bäumen sein Leid zu klagen.
Durch eine verzagte und ratsuchende Frau wurde ich auf diese Möglichkeit aufmerksam. In einem unserer Gespräche beklagte sich diese Frau im

mittleren Lebensalter darüber, daß sie sich in der letzten Zeit von niemandem mehr so richtig verstanden und angenommen fühle. Am ehesten käme sie auf ihren einsamen Spaziergängen zur Ruhe. Ein Freund hatte ihr geraten: «Wenn nichts mehr geht, dann geh einfach spazieren!» Seitdem seien ihr Spaziergänge ein echtes Stück Lebenshilfe geworden. Wenn Sie in der Natur frei atme, käme sie zur Ruhe und fühle sich bald wieder frei. Besonders unter Bäumen verspüre sie manchmal ein erhebendes Gefühl. Auf ihren Spaziergängen hatte sie Freundschaft geschlossen mit einem alten Birnbaum, der einsam am Wegesrand stand. Gern verweilte sie dort, lehnte sich an den Stamm und schloß die Augen.

Manchmal kam ihr dabei die Phantasie, daß sie mit ihrem Baum, mit dem sie so etwas wie eine stille und heimliche Freundschaft geschlossen hatte, reden könne. Mir kam dazu die Weisheit und Erfahrung eines Indianers in den Sinn, die ich meiner Ratsuchenden vorlas: «Weißt du, daß Bäume reden? Ja, sie reden. Sie sprechen miteinander, und sie sprechen zu dir, wenn du zuhörst. Aber die weißen Menschen hören nicht zu. Sie haben es nie der Mühe wert gefunden, uns Indianer anzuhören. Ich selbst habe viel von den Bäumen erfahren: manchmal etwas über das Wetter, manchmal über Tiere, manchmal über Gott.»

Ich ermutigte diese Frau dazu, doch auch einmal ein Phantasiegespräch mit ihrem Baum zu führen. Weil sie ihre Erlebnisse und Gedanken auch recht gut in Worte kleiden konnte, schrieb sie mir in den folgenden Wochen einen Text über Erfahrungen mit ihrem Baum auf.

«Ich lehne mit dem Rücken an meinem alten Birnbaum. Er ist durch die Stürme und Last der Jahre krumm geworden. Doch gerade so bietet er meinem Rücken Halt. Ich schließe die Augen und horche auf seine Geräusche. Immer inniger lehne ich mich an ihn an, vertraue ich mich ihm an. Mit meinen Füßen stehe ich auf seinen Wurzeln. Ich wünsche mir, morgen auch wieder so im Leben verwurzelt zu sein, wie er in der Muttererde. Mit jedem Atemzug entspanne ich mich. Ich atme meine Spannungen und Belastungen aus und übertrage sie auf den Baum. Ich stelle mir vor, daß er mit der verbrauchten Luft auch meine verbrauchten Kräfte und meine Sorgen aufnimmt. – Langsam wird mir leichter. Schließlich muß ich gähnen und mich strecken. Erleichtert gehe ich meiner Wege. Dankbar blicke ich mich noch einmal um.»

Es braucht Zeit, manchmal lange Zeit, oder eine Leidenszeit, bis man anfängt, einen Baum zu begreifen. Exupéry sagt, daß man den Baum lange anschauen muß, damit er ebenso in uns gedeihe.

Baumträume selber deuten

Die Bäume in Träumen spiegeln zumeist verborgene und unbewußte Seiten des Lebens wider. Die Krone der Bäume entspricht oft dem verborgenen Wurzelwerk. Auch hier zeigt sich spiegelbildlich, wie Sichtbares und Unsichtbares, Bewußtes und Unbewußtes zusammengehören. Ein abgebrochener Baum symbolisiert in den Träumen häufig einen erlebten oder kommenden «Bruch» im persönlichen Leben. (Siehe dazu die Fotos.)

Die folgenden 16 Fragen wollen Anregungen und Verstehenshilfen geben, mit einem persönlichen Traum selber umzugehen und ihn ein Stück weit zu bearbeiten. Dazu empfehle ich Ihnen folgende Arbeitsschritte.

Sie sollten Ihren Baumtraum aufgeschrieben vor sich zu liegen haben. Dabei sollten Sie die Bilder des Traumes und die damit verbundenen Empfindungen so treffend wie möglich in Worte kleiden. Bereits dieses Aufschreiben Ihres Traumes ist eine wichtige Arbeit zum Umgang mit dem Unbewußten und zur Gestaltung Ihres Traumes. Wenn es Ihre freie Zeit erlaubt, sollten Sie sich mit Ihrem Traum und den zu beantwortenden Fragen zu-

rückziehen, damit Ihnen relativ ungestört Einfälle, Phantasien und Gedanken kommen können. Sollten Ihnen zu der einen oder anderen Frage zunächst keine Einfälle und/oder Ideen kommen, gehen Sie ruhig zu den nächsten Fragen über. Es ist der Sinn dieser Fragen, Ihren Traum bewußt zu Erfahrungen und Erinnerungen aus Ihrem Leben in Beziehung zu setzen. Das Ziel dieser Arbeit ist,

zu mehr Selbsterkenntnis über sich zu gelangen und damit an seiner Selbstverwirklichung zu arbeiten. Für manche(n) Träumer(in) werden diese Fragen nicht das persönliche Gespräch mit einem Therapeuten oder fachkundigen Psychologen ersetzen können. Andererseits haben sehr viele Menschen keine Möglichkeiten zu einem derartigen Gespräch und stehen mit den sie beein-

druckenden Träumen ohne irgendeine Anleitung da. Für diese Träumer habe ich das vorliegende Buch geschrieben. Zu der erprobten und erfolgreichen Arbeit mit derartigen Fragen schreibt der Rezensent Dr. Peter Rumpel (über mein Buch «Träume als Ratgeber», in: Lutherische Monatshefte, Jan. 85): «Diese Fragen sind – so erbrachte meine Probe – schon von Jugendlichen zu verste-

hen und mit Gewinn anzuwenden.» Erproben Sie
selber, wie sich Ihnen die Botschaft des Traumes
durch Ihre Antworten auf die Fragen erschließt.

Bäume in unserer Lebensgeschichte

1. Welche Erfahrungen und Erlebnisse fallen mir
zu dem geträumten Baum ein?
Erläuterung: In den Träumen zeigt die Seele in
einer Bildersprache bestimmte Erfahrungen. Daher ist es wichtig, sich an Erlebnisse mit Bäumen
zu erinnern. Häufig werden gegenwärtige Probleme beleuchtet und bewußt gemacht mit Hilfe von
Bildern aus der Vergangenheit.

2. Welche «Tagesreste» finde ich in meinem
Baumtraum?
Erläuterung: In den meisten Träumen können wir
bestimmte Tagesreste wiederfinden. Es sind zumeist jene Erlebnisse, die wir noch nicht befriedi-
gend verarbeitet haben. Auch wenn wir in Gedanken oder in der Realität eine Lösung gefunden haben, kann es noch tiefere Gefühle und seelische
Empfindungen geben, die im Traum ins Bild gesetzt werden. So können wir ein Problem noch-
mals von einer anderen Seite sehen und uns be-
wußter damit auseinandersetzen.

3. In welcher Lebenssituation träume ich von Bäumen?

Erläuterung: Baumträume kommen uns zumeist bei den Wachstums- und Entwicklungskrisen des Lebens. Besonders wichtig sind die Übergänge vom Kind zum Erwachsenen während der Pubertät. Trefflich sagt die Volksweisheit: «Mit siebzehn hat man noch Träume, da wachsen alle Bäume in den Himmel der Liebe.» Auch in den Krisen der Lebensmitte und im Alter werden die Bäume zu einem wichtigen Symbol zur Selbsterkenntnis und Selbsterfahrung.

4. Mit welchem Teil des Baumes identifiziere ich mich?

Erläuterung: Diese Frage lenkt Ihre Aufmerksamkeit auf die drei wesentlichen Dimensionen des Baumes. Träumen Sie von der Krone des Baumes, in der Sie herumklettern oder die Sie anschauen, so spiegelt dies die bewußte Persönlichkeit mit ihren weitverzweigten Ausdrucksmöglichkeiten wider. Der Baumstamm läßt uns zumeist unser Körper- und/oder Lebensgefühl bewußt werden. Die Wurzeln des Baumes führen uns zu den verborgenen und unbewußten Tiefen unseres Lebens und der Seele.

5. Wie kann ich mit dem Traum arbeiten und umgehen?

Erläuterung: Das Träumen als Urerfahrung in der Nacht kann am Tage mit vollem Bewußtsein weiterbearbeitet werden. Ein erster Schritt ist das wortgetreue Aufschreiben. Eine weitere Möglichkeit ist das Erzählen eines Traumes am Frühstückstisch im Familienkreis oder unter vertrauten Freunden. Diese Menschen können uns ein Echo geben, welche Phantasien und Gefühle unser Traum in ihnen auslöst. Weitere Möglichkeiten zum persönlichen Umgang mit Träumen ist das Malen, das Formen mit Ton oder das spielerische Darstellen.

6. Welche «Schatten»-Seite spiegelt mein Baum?

Erläuterung: Während wir uns gelegentlich gern im Schatten eines Baumes ausruhen, hat der Schatten auch negative Auswirkungen für das Wachstum im Bereich des Baumes. Übertragen wir dieses Bild auf den seelischen Erfahrungsbereich, dann weisen uns bestimmte Baum-Träume auf Schattenseiten unseres Lebens hin. Mit dem «Schatten» werden in der Jungschen Tiefenpsychologie die dunklen und/oder negativen Seiten unserer Persönlichkeit bezeichnet.

7. Ist der geträumte Baum mein Lieblingsbaum?
Erläuterung: Ähnlich wie uns bestimmte Geschichten oder Filme ganz besonders ansprechen, ergeht es uns auch bei den geträumten Bäumen. Auch wenn sich viele Träumer(innen) über die Art und die Gattung ihrer Bäume im Traum meistens keine besonderen Gedanken machen, sollten Sie zu erkennen versuchen, von welchem Baum Sie geträumt haben. In unserem Lieblingsbaum können wir wichtige Charaktereigenschaften von uns entdecken. So wie unser Lieblingsmärchen (Welches ist Ihr Lieblingsmärchen?) wichtige Aspekte unserer Persönlichkeit spiegelt, zeigen dies auch die Bäume.

8. Was wissen Sie über die symbolische Bedeutung Ihres geträumten Baumes?
Erläuterung: Viele Bäume haben in der kulturellen und religiösen Tradition eine bestimmte Bedeutung, wie z. B. die Eiche als Symbol der Kraft und der Stärke. Oft ist es ein Erfahrungswissen, das die Weisheit der Natur in Gestalt der Bäume zum Ausdruck bringt. Welche Eigenschaft die Phantasie oder die Mythologie bestimmten Bäumen zuschreibt, scheint auch dem seelischen Ausdrucksvermögen eingeprägt zu sein. Daher können wir bestimmte Träume mit Hilfe des überlieferten Symbolverständnisses besser verstehen.

9. Habe ich angenehme oder unangenehme Gefühle bei meinem Baum-Traum gehabt?
Erläuterung: In den Träumen werden unsere Gefühle ins Bild gesetzt. Die bewegenden Kräfte unseres Seelenlebens (Emotionen) kommen besonders eindrucksvoll in der Symbolik des Baumes zum Ausdruck. Eine seelische Erregung oder ein starkes Gefühl kann als ein Auf-bäumen bezeichnet werden. Indem Sie sich über die Gefühle im Traum klarwerden, können Sie bewerten und beurteilen, ob es ein positiver oder ein negativer Traum für Sie war.

10. Mit welchem Sinnesorgan (oder Organ) kam ich in Beziehung zum Baum meiner Träume?
Erläuterung: Sie werden in manchen Träumen erlebt haben, daß Sie durch eine direkte Berührung eines Menschen oder eines Gegenstandes viel stärker angerührt waren, als wenn Sie dieselben nur gesehen oder gehört hätten. Diese Erfahrung schließt nicht aus, daß Sie durch das Sehen oder Hören auch starke Empfindungen haben. Vergleichen Sie Ihre Traumempfindungen mit denen im Tagerleben und finden Sie heraus, ob sie genauso sind oder entgegengesetzt. Viele Baumträume schärfen unsere Empfindungsfunktion.

11. Welche Gedanken kommen mir zu dem Traum?

Erläuterung: Mit unseren Gedanken können wir eine geistige Durchdringung und Erfahrung des Baum-Symbols bewirken. Die Gedanken, die uns kommen, bilden einen «roten Faden» zum Begreifen der Traumbotschaft. Wenn wir uns in Gedanken auf den Baum beziehen und ihn umdenken, kann es zu einem geistigen Zwiegespräch mit dem Traumbild kommen.

12. Welche Ahnungen steigen in mir auf, wenn ich den Traum weiter ausphantasiere oder meditiere?

Erläuterung: Das Ahnungsvermögen und die Intuition lassen mit Hilfe der Phantasie und des bildhaften Denkens das bisher unbewußte Wissen oder eine verborgene Weisheit bewußt werden. Häufig ahnen wir den in Bildern ausgedrückten Sinn und werden damit ins Bild gesetzt über uns selbst. Wenn wir uns bewußt und in Nachdenklichkeit in unsere Träume vertiefen, erspüren und erahnen wir die Problemlösungen in unseren Träumen.

13. Wie wird meine innere Situation und mein derzeitiges Befinden im Baum-Traum gespiegelt?

Erläuterung: Die Bäume unserer Träume sind Bilder und Abbilder unseres Befindens. Hat der gesunde Baum eine wunderbare, weitausladende Krone, werden wir uns einer positiven Entwicklung erfreuen können. Ist ein Ast oder der ganze Baum verdorrt oder krank, könnte dies auf seelische Kraftlosigkeit und Niedergeschlagenheit bzw. Depression hinweisen oder eine psychosomatische Krankheit widerspiegeln. Wird ein Baum abgesägt oder mit Axthieben umgehauen, befürchten wir «Schicksalsschläge» oder eine einschneidende Veränderung.

14. Welche förderlichen Wachstumskräfte zeigt Ihnen der Traum?

Erläuterung: In Ihren Baumträumen werden bestimmte Seiten und Möglichkeiten Ihrer persönlichen Entfaltung und Entwicklung gezeigt. So wie es dem Baum bestimmt ist zu wachsen, ist es auch eine innere Bestimmung des Menschen, zu wachsen wie ein Baum. Nach meinen Erfahrungen mit Baumträumen erscheint diese Symbolik gehäuft in den Wachstumskrisen des Lebens.

15. Was ist mir bisher unverständlich an meinem Traum?

Erläuterung: Es wird immer wieder Träume geben, die uns zunächst unverständlich erscheinen. Wenn sie wesentlich und wichtig sind, werden wir sie nicht so schnell vergessen können. Solche Träume verlangen von uns Geduld und die Selbstbescheidenheit, nicht sogleich jeden Traum verstehen zu können. Sie sollten auch unverständlich erscheinende Träume, die Ihnen bedeutungsvoll und wichtig vorkommen, aufschreiben. Nicht selten werden solche Träume spontan verständlich, wenn wir in einem Gespräch oder durch Lektüre die notwendigen Verstehenshilfen empfangen.

16. Wie fördert das geträumte Baum-Symbol Ihre Selbstverwirklichung?

Erläuterung: Besonders ansprechende und beeindruckende Bäume sind Bilder und Symbole für unser Selbst. Dies ist das zumeist verborgene Bild unserer Ganzwerdung. Versuchen Sie zu erspüren, welchen Aspekt des Selbst Ihr Baum darstellt und lassen Sie diese Traumkraft in sich wachsen.

Literatur

Avé-Lallemant, U.: Baum-Tests. Mit einer Einführung in die symbolische und graphologische Interpretation, Olten ²1980

Bauerreiß, R.: Arbor vitae. Der Lebensbaum und seine Verwendung in Liturgie, Kunst und Brauchtum des Abendlandes, München 1938

Berková, Dagmar: Warum die Bäume nicht mehr sprechen können, Werner Dausien 1976

Bernatzky, A.: Baum und Mensch, Frankfurt 1973

Eliade, M.: Ewige Bilder und Sinnbilder, Freiburg 1962

Faraday, A.: Deine Träume – Schlüssel zur Selbsterkenntnis, Frankfurt 1978

Fischer, S.: Blätter von Bäumen. Legenden, Mythen, Heilanwendung und Betrachtung von einheimischen Bäumen, Frankfurt 1983

Foos, Ch.: Baum. In: Ursymbole und ihre Bedeutung für die religiöse Erziehung, hrsg. v. H. Kirchhoff, München 1982

Frazer, J. G.: Der Goldene Zweig, Frankfurt 1977

Gollwitzer, G.: Bäume. Bilder und Texte aus drei Jahrtausenden, Schuler 1980

Hildegard von Bingen: Heilmittel. 3. Buch: Von den Bäumen, Basler Hildegard-Gesellschaft, Basel

Harding, Esther: Frauen-Mysterien, Zürich 1949

Hark, Helmut: Der Traum als Gottes vergessene Sprache. Symbolspsychologische Deutung biblischer und heutiger Träume, Olten ³1985

– Träume als Ratgeber. Deutungshilfen für die Praxis, Olten ²1983

- Religiöse Neurosen. Ursachen und Heilung, Stuttgart 1984

Jacobi, J.: Der Baum als Symbol: Zeitschr. f. Analytische Psychologie, Vol. 6 Nr. 3, 1975

- Vom Bilderreich der Seele. Wege und Umwege zu sich selbst, Olten² 1985 (Sonderausgabe)

Jung, C. G.: Psychologie und Alchemie. Ges. Werke 12, Olten ⁴1984; Grundwerk, Olten 1984

- Der philosophische Baum. Ges. Werke 13, Olten ²1982

- Der Mensch und seine Symbole, Olten ⁹1984; Sonderausgabe ⁷1984

Kast, Verena: Der Teufel mit den drei goldenen Haaren (Weisheit im Märchen), Stuttgart 1984

Kettler, Walter (Hrsg.): Der Lebensbaum. Ein Ursymbol aus Mythos und Tiefenpsychologie, München 1976

Lurker, M.: Der Baum in Glauben und Kunst, Baden-Baden 1960

Mannhardt, W.: Der Baumkultus der Germanen und ihrer Nachbarstämme, Berlin 1875

Mütsch-Engel, A. (Hrsg.): Bäume lügen nicht, Göttingen 1984

Neumann, E.: Die Große Mutter, Olten ³1978, Sonderausgabe 1985

Pils, E.-M.: Psychologische Studie zum Baum in der Kindererziehung, Dipl. Arbeit PH Karlsruhe 1984

Raach, K. H.: Wer möchte leben ohne den Trost der Bäume, Herder 1985

Ranke-Graves, R. v.: Die weiße Göttin. Sprache des Mythos, Berlin 1981

Rech, Ph.: Inbild des Kosmos. Eine Symbolik der Schöpfung, 2 Bde., Salzburg 1966. In Bd. 1: Über den Baum S. 372–419

Recheis, K./Bydlinski G.: Weißt du, daß die Bäume reden. Weisheit der Indianer, Herder 1984

110

Reich, E.: Gesicht und Seele der Bäume im Worte der Dichter, Basel 1960

Riedel, Ingrid, Marc Chagalls Grüner Christus. Ein ganzheitliches Gottesbild – Wiederentdeckung der weiblichen Aspekte Gottes, Walter 1985

Sauer, G.: Traumbild Schlange (Träume als Wegweiser), Olten 1986

Selbmann, S.: Der Baum. Symbol und Schicksal des Menschen. Ausstellungskatalog der Badischen Landesbibliothek, Karlsruhe 1984

Strassmann, R. A.: Baum-Heilkunde, Renatus Verlag, Wilen o. J.

Der Autor

Helmut Hark, *Jahrgang 1936, Studium der Theologie und volle analytische Ausbildung (Dr. phil.). Psychotherapeut, Landesbeauftragter für die Lebens-, Ehe- und Erziehungsberatung in Baden, freier Mitarbeiter des Südwestfunks in der Sendung «Ratgeber Lebensfragen», verheiratet, vier Kinder.*

Publikationen unter anderen: «Der Traum als Gottes vergessene Sprache. Symbolpsychologische Deutung biblischer und heutiger Träume», Walter, 3. Auflage 1985; «Träume als Ratgeber. Deutungshilfen für die Praxis», Walter, 3. Auflage 1986.

Jung-Zitat auf dem Umschlag: Das C. G. Jung-Lesebuch, ausgewählt von Franz Alt, S. 91